PRIMER NIVEL:

APRENDE TROMPETA FÁCILMENTE

POR VICTOR M. BARBA

Para obtener acceso el audio, visite:
www.halleonard.com/mylibrary

Enter Code
4712-2566-1596-8271

ISBN 978-0-8256-2792-7

Cover photograph by Randall Wallace
Project editor: Ed Lozano

Visitar Hal Leonard en linea a:
www.halleonard.com

Contatenos:
Hal Leonard
7777 West Bluemound Road
Milwaukee, WI 53213
Email: info@halleonard.com

En Europa, contacto:
Hal Leonard Europe Limited
42 Wigmore Street
Marylebone, London, W1U 2RN
Email: info@halleonardeurope.com

En Australia, contacto:
Hal Leonard Australia Pty. Ltd.
4 Lentara Court
Cheltenham, Victoria, 3192 Australia
Email: info@halleonard.com.au

ÍNDICE

INTRODUCCIÓN. 5
CÓMO USAR EL AUDIO 5
INSTRUMENTO. 6
AFINACIÓN 6
NOTAS. 7
IMPORTANTE 8
   RITMO. 8
   MELODÍA 8
   ARMONÍA. 8
   REGISTRO. 9
   EMBOCADURA 9
   LA TROMPETA. 9
   TODAS LAS VÁLVULAS ABIERTAS. 10
   LA SEGUNDA VÁLVULA CERRADA. 10
   LA PRIMERA VÁLVULA CERRADA 11
   LA PRIMERA Y LA SEGUNDA VÁLVULAS CERRADAS 11
   LA TERCER VÁLVULA CERRADA 12
   LA SEGUNDA Y LA TERCERA VÁLVULAS CERRADAS. 12
   LA PRIMERA Y LA TERCERA VÁLVULAS CERRADAS. 13
   LAS TRES VÁLVULAS CERRADAS 13
      TONO DE AFINACIÓN 13
BIENVENIDOS. 14
   LA PRIMERA NOTA: SOL. 14
      REDONDAS, BLANCAS Y NEGRAS 15
   NUEVA NOTA FA 15
      UN SOL-DADO FA-MOSO 16
      UN POCO MÁS 16
   NUEVA NOTA MI 17
      MI GUSTO ES TOCAR BIEN 17
      BAJADITA Y SUBIDITA 17
   NUEVA NOTA RE 18
      QUÉ RE-BONITO ESTOY TOCANDO 18
      MI SOL ESTÁ RE FÁ-CIL 18
   NUEVA NOTA DO. 19
      DO-MINANDO LA TROMPETA 19
      LAS 5 NOTAS PRINCIPALES 19
TRANSPOSICIÓN. 20
      TRANSPOSICIÓN MUSICAL 20
      AHORA EN OTRO TONO 21
      TONADITA INFANTIL 21
      MIS PRIMEROS PININOS (RANCHERITA) 21
      SOL-DA-DO EMBOCADURA DE SOL Y DO 22
   NUEVA NOTA LA, NUEVO RITMO 22
      UNA NOTA MÁS 23
      HACE MUCHOS AÑOS 24
   LOS COMPASES 24
      RANCHERA 25

NUEVA NOTA SI BAJO 25
   ASÍ ME GUSTA TOCAR 26
   DE TODO UN POCO 26
BARRAS DE REPETICIÓN 27
   NUEVA NOTA LA BAJO 27
      TONADITA TRISTE 28
      ESTOY TRISTE SIN TI 28
   NOTA SI ALTO 29
      SUBIR Y BAJAR DE VOLUMEN 29
      UNO AL DÍA N° 1 30
      UNO AL DÍA N° 2 30
      UNO AL DÍA N° 3 30
      UNO AL DÍA N° 4 30
   NUEVA NOTA DO 31
      DE DO A DO 31
      ESCALA DE DO MAYOR 31
   NUEVA NOTA SOL GRAVE 32
      MOVIDITA 32
   NUEVA NOTA FA♯ 32
   REPASO DE NOTAS. 33
      TODO POR TI 33
      ESCALA DE SOL MAYOR 33
   NUEVAS NOTAS SI♭ BAJO Y SI♭ ALTO 34
      CANCIÓN EN FA MAYOR 34
COMPÁS DE ²⁄₄. 35
      MARCHA NOCTURNA 35
      LIGADURA DE FRASEO 36
PRIMERA, SEGUNDA Y TERCERA VOZ. 37
   TERCERAS. 37
      TERCERAS CON AMOR 38
   SEXTAS. 38
      SEXTAS CON AMOR 39
   ACENTOS. 39
      ACENTOS Y MÁS ACENTOS 40
      UNO AL DÍA N° 5 40
      UNO AL DÍA N° 6 40
      UNO AL DÍA N° 7 40
      UNO AL DÍA N° 8 41
      UNO AL DÍA N° 9 41
      UNO AL DÍA N° 10 41
RITMO NUEVO. 42
   NUEVA NOTA DO♯ BAJO 42
      Y PUNTO 43
      MELODÍA RARA DE REPASO 43
   NUEVA NOTA DO♯ AGUDA. 44
      AHORA POR MÍ 44
   NUEVA NOTA RE AGUDA 44

TU DULCE AMOR 44

UN POCO DE ARMONÍA 45

    BACH NORTEÑO 47

    NUEVA NOTA Mi♭ O Re♯. 47

    MELODÍA CHACHALACA 47

    DUETO EN DOS 48

COMPÁS DE ¾. 49

    ALLÁ POR EL RANCHO 49

    VALS ROMÁNTICO 50

    COMO YO TE SIENTO 50

    DUETO EN TRES 51

    DUETO EN CUATRO 52

    NUEVA NOTA Sol♯. 53

    MELODÍA SOSTENIDA 53

    NUEVA NOTA Sol♯ BAJO 53

    MELODÍA BAJA 54

    NUEVA NOTA Re♯ ALTO. 54

    MELODÍA DE REPASO 54

    REPASO DE NOTAS. 55

RITMO NUEVO DE TRESILLOS 56

    TRESILLOS Y MÁS TRESILLOS 56

    TRESILLOS Y MÁS TRESILLOS CON ARMADURA 57

    ESCALA DE RE MAYOR 57

    NUEVA NOTA Fa♯ GRAVE. 58

    ASÍ NO MÁS 58

    NUEVA NOTA Mi AGUDO 58

    LA NOTA FINAL 58

CONSEJOS SOBRE NOTAS ALTAS 59

    REPASO DE RITMOS 59

    CANTARÉ 60

    EL CHA CHÁ 61

    UNO AL DÍA N° 11 61

UNO AL DÍA N° 12 62

UNO AL DÍA N° 13 62

UNO AL DÍA N° 14 62

VOLVERÉ CON LA BANDA (TROMPETA 1) 63

VOLVERÉ CON LA BANDA (TROMPETA 2) 64

VOLVERÉ CON LA BANDA (ARREGLO COMPLETO) 65

ESCALA DE MI MAYOR 69

ESCALA DE FA MAYOR 69

UN BOLERITO PARA TI (TROMPETA 1) 69

UN BOLERITO PARA TI (TROMPETA 2) 70

UN BOLERITO PARA TI (ARREGLO COMPLETO) 71

UNO AL DÍA N°15 74

UNO AL DÍA N° 16 74

UNO AL DÍA N°17 74

UNO AL DÍA N° 18 74

UNO AL DÍA N° 19 75

UNO AL DÍA N° 20 75

UNO AL DÍA N° 21 75

UNO AL DÍA N° 22 76

UNO AL DÍA N° 23 76

UNO AL DÍA N° 24 76

POR ÚLTIMO. 77

    PRIMERA POSICIÓN Do MAYOR. 77

    SEGUNDA POSICIÓN Si MAYOR. 77

    TERCERA POSICIÓN Si♭ MAYOR 77

    CUARTA POSICIÓN La MAYOR 78

    QUINTA POSICIÓN La♭ MAYOR. 78

    SEXTA POSICIÓN Sol MAYOR 78

    SÉPTIMA POSICIÓN Fa♯ MAYOR. 78

    LISTA INDIVIDUAL DE TEMAS MUSICALES 79

    NOTA BIOGRÁFICA DEL AUTOR 80

INTRODUCCIÓN

MÚSICA FÁCIL...¡CON ESTE LIBRO ES REALMENTE FÁCIL!

En poco tiempo te darás de cómo puedes aprender a tocar la trompeta. Con tan sólo un poco de práctica y estudio vas a poder saber lo básico de este bonito instrumento. Con la ayuda de este libro, podrás tocar las notas, escalas y adornos en la trompeta de una manera fácil, sabrás cómo usar la trompeta para poder tocar canciones simples y usarla como acompañamiento en un grupo. Aprenderás también cómo hacer segundas y terceras voces con la trompeta, para poder tocar junto con tus amigos. Con un poco de esfuerzo podrás tocar diferentes tipos de música; de Mariachi, de Banda o tocar con un grupo, si así lo deseas.

En este libro aprenderás las bases de la trompeta que se utilizan en la mayoría de la música que conoces como: Banda, cumbia, bolero, balada, rock, mariachi, rancheras y muchos otros tipos.

No trates de leer todo rápidamente. Estudia primero y practica mucho cada ejemplo. Antes de tocar una melodía, escúchala en el audio y fíjate en tu libro como se ve y como suena. Luego, trata de ver en donde está cada nota en la trompeta y repítela igual que en el audio. Vas a tener también algunos ejercicios diarios con la trompeta. Recuerda que la trompeta es un instrumento de viento. A diferencia de un piano, la afinación la debes de hacer con la boca y eso lleva mucha práctica. La parte de la trompeta que se conecta a la boca se llama *embocadura*. Recuerda que la práctica es fundamental para poder tocar bien y por eso el libro incluye los ejercicios diarios. Vas a tocar varias canciones sencillas, que aunque no son muy conocidas, sí son parecidas a muchas de las que conoces. Se incluyen también ejercicios de segunda y tercera voz. Recuerda que si tienes un amigo pueden tocar juntos de una forma fácil con este libro de *Música fácil*.

Ojalá disfrutes tanto en aprender a tocar la trompeta con este libro, como yo disfruté al escribirlo.

CÓMO USAR EL AUDIO

El audio incluye todos los ejercicios de solfeo completos. Aprender solfeo es la base para leer música. Estudiar solfeo es como estudiar el abecedario, es la base de la música, así que estudia cada uno de los ejercicios de solfeo hasta que lo puedas hacer muy bien. El audio de solfeo incluye el sonido *click*, así como la voz. Escucharás una voz que cante el nombre de las notas al mismo tiempo que el ritmo. Debes repetir lo que dice la voz. Si sientes alguna duda al decirlo o te equivocas al decir alguna nota, entonces repítelo otra vez hasta que te salga de principio a fin, sin equivocarte. Trata de hacerlo al menos tres veces seguidas. Te darás cuenta que poco a poco vas a sentir el tiempo, el ritmo y vas a aprender las notas a la perfección.

 Por ejemplo, ésta es la canción numero 4, y es el tema musical número 4 del audio. Es muy fácil, al igual que toda la música de este libro.

Te felicito por querer aprender a tocar la trompeta. Practica mucho y aprenderás.

INSTRUMENTO

Es bueno que conozcas tu instrumento lo mejor posible. Aquí tienes una fotografía de una trompeta para que reconozcas cada parte de este instrumento. La trompeta más común es la trompeta en *Si bemol*. Hay otras trompetas en diferentes tonos, pero lo que aprendas en una te va a servir para todas. Asegúrate que cuando empieces a estudiar tu trompeta esté en *Si bemol*. Si no sabes, pregunta en la tienda al comprarla para asegurarte que esté en ese tono de *Si bemol*. Observa esta foto de una trompeta en *Si bemol*.

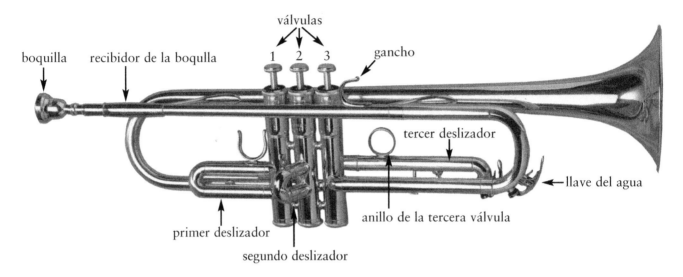

AFINACIÓN

Importante: La afinación de una trompeta está en la embocadura y en las válvulas de la trompeta. Escucha el tema musical Nº 1 del audio. Imita el sonido que oigas y trata de hacerlo *igualito*. De esta forma obtendrás la mejor afinación. Siempre es bueno consultar a un maestro para que te ayude a mejorar el *oído* musical. De cualquier manera, no te preocupes demasiado porque con la práctica y el estudio vas a tocar muy bien y sobre todo muy afinado. Recuerda también que la calidad del instrumento es muy importante, así que trata de usar una trompeta de buena calidad para que vayas ajustando mejor tu *oído* musical.

Como la trompeta es un instrumento de viento, hay que soplar para que se oiga. Como resultado de esto, se almacena saliva dentro del instrumento. Si la saliva se almacena y *no la limpias* el metal de la trompeta se puede corroer y se echa a perder la trompeta. Por lo tanto, es importante que *limpies la trompeta a diario* después de tocar. Asegúrate de *limpiar* bien la trompeta, abre la llave de desagüe para sacar toda la saliva. Debes sacar la boquilla de la trompeta por lo menos una vez por semana para lavarla con agua tibia. Comprueba que secas bien la boquilla. Antes de guardar el instrumento sécalo bien por dentro y por fuera. Si en alguna ocasión se atora alguna válvula, ponle un poquito de aceite para que funcionen mejor. Usa también un poco de grasa para que las válvulas estén más suavecitas. La mejor forma de mantener bien la trompeta es que alguien que sepa tocar este instrumento te indique y ayude.

Estos son sólo algunos consejos importantes. Te recomiendo que cuando vayas a estudiar, trata de estudiar por lo menos 1 hora, para que valga la pena el estudio. De otra forma, vas a tardar más en limpiar y acomodar la trompeta, que en estudiar.

NOTAS

La música se escribe con *notas*, que son las bolitas y palitos que has visto muchas veces. En este libro vas a aprender para qué sirven las notas y como usarlas.

Las notas representan sonidos. Cuando veas una nota, ésta representa un sonido. Si ves 5 notas, son 5 sonidos, y así sucesivamente. Si la nota está en la misma línea, o en el mismo espacio, entonces el sonido es *igual*. Si las notas cambian de línea o espacio el sonido es *diferente*. El sonido será más agudo si la nota sube de posición en el pentagrama y mas grave si baja. Existen también sonidos *cortos* (que sólo duran poquito tiempo) o sonidos *largos* (que duran mucho tiempo) Por eso el *tiempo* en la música es lo principal, si no existiera el tiempo, no se podría tocar música.

Las notas pueden ser iguales o diferentes, cortas o largas, altas o bajas.

Todas las *notas* se escriben en un *pentagrama*. Recuerda que para escribir música se utiliza una escritura que representa el sonido. El sonido tiene muchas cualidades, puede ser entre otros: agudo, grave, largo, de poco volumen o de gran volumen. El pentagrama se utiliza para poder representar la música por escrito.

La música se divide en *compases;* un *compás* es la distancia que hay en medio de dos barras de compás.

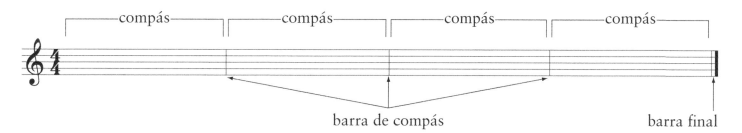

El *pentagrama* tiene 5 líneas y 4 espacios. Las líneas se cuentan de abajo a arriba.

Hay más tipos de compases, pero después los aprenderás. De momento aprende estos tres.

IMPORTANTE

Para tocar una canción o acompañarla, necesitas *sentir la música*. Esto lo puedes lograr a través de la práctica y el estudio. Hay tres elementos muy importantes que forman parte de la música:

Ritmo
Melodía
Armonía

RITMO

El *ritmo* es un patrón musical formado por una serie de notas o unidades que son de duración diferentes. Por ejemplo la música disco, la cumbia, o la mayoría de música bailable tiene un ritmo muy marcado. La batería es un instrumento de percusión que marca el ritmo. Más adelante vas a entender mejor lo que es el ritmo. El ritmo puede expresarse con un sólo sonido o por varios sonidos. Éste es un ejemplo de ritmo usando un sólo sonido:

MELODÍA

La *melodía* es una sucesión de notas musicales que forman una frase musical o idea. Quiere decir que si creas un ritmo con diferentes sonidos, formas una melodía. Las melodías pueden (y deben) variar el ritmo, para que no sean monótonas o aburridas. Las melodías dependen mucho del compositor o del estilo de música del que se trate.

ARMONÍA

La *armonía* es la comprención de las escalas y los acordes. Cuando tocas varias melodías al mismo tiempo, por ejemplo una con piano, otra con guitarra y al mismo tiempo tocas el bajo, cada instrumento va haciendo una melodía diferente (la melodía es como una tonadita). Cuando eso pasa, hay momentos en que suenan tres notas o más al mismo tiempo, y eso forma los *acordes*. La armonía es la parte de la música que estudia los acordes y cómo se deben de usar para formar progresiónes de acordes o círculos para poder así acompañar las canciones.

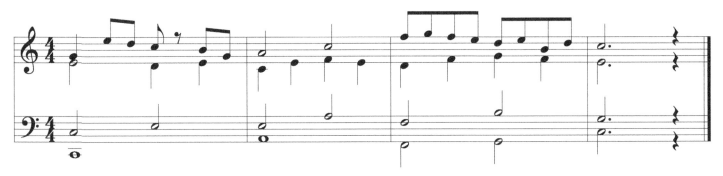

Registro

En la música hay muchas notas y la trompeta tiene varias de esas notas. El piano, por ejemplo, tiene muchas notas más que la trompeta. En este libro, vamos a aprender varias de esas notas de la trompeta. Hay notas muy agudas para las que se necesitaría mucha práctica para poderlas tocar. Como este libro es para principiantes, vamos a aprender sólo las notas más fáciles de tocar, las más prácticas y comunes. Estas notas, bastarán para tocar en un grupo, banda o mariachi, que básicamente para eso es para lo que estás estudiando, ¿verdad? Si quieres aprender más, puedes adquirir el segundo libro de trompeta o muchos otros libros. Estoy seguro que este libro será suficiente para tocar la trompeta y muchas de tus canciones favoritas.

Embocadura

Como en la trompeta solo hay 3 válvulas (o tres llavecitas que le empujas para producir el sonido) muchas notas se tocan de la misma manera pero con diferente embocadura. O sea, por ejemplo una nota de *Sol*, se toca con todas las válvulas abiertas, o sea *Sin apretar* ninguna válvula. Al cambiar la embocadura, se escucha otra nota que sería *Do* o puede ser otro *Do* o *Mi* u otro *Sol* etc., sin necesidad de apretar ninguna válvula. Por eso es importante que conozcas bien la embocadura y que sepas cómo producir el sonido.

La Trompeta

La trompeta es un instrumento muy versátil, puede hacer casi cualquier cosa en la música; notas largas, cortas, altas y bajas. La trompeta puede también tocar de forma muy rápida y se usa para muchos tipos diferentes de música. No puede tocar dos notas al mismo tiempo, pero sí puede hacer acordes en forma de arpegio, o sea nota por nota. Para tocar toda esa música tiene tres válvulas, con las cuales se pueden tocar muchas notas. Para tocarla bien, vas a aprender a usar todas las combinaciones posibles. A continuación te muestro las combinaciones para que las conozcas. A lo largo de este libro vas a aprender a usar muchas de estas combinaciones.

Todas Las Válvulas Abiertas

El siguiente diagrama muestra notas que se pueden tocar en la trompeta. No es preciso que intentes tocarlas todas inmediatamente, por ahora fíjate sólo en cómo se escriben y en que posición están. Recuerda que a lo largo de todo el libro vas a aprender a tocar las diferentes posiciones. Te las muestro para que las consultes cuando te sea necesario. Para representar que queremos tocar las tres válvulas abiertas, se ponen tres circulitos. El pequeño círculo de la mano derecha es el número tres y el que está al lado de la boquilla es el número uno. Fíjate que las notas que tocas con las válvulas abiertas son: ‖ *Do* ‖ *Sol* ‖ *Do* ‖ *Mi* ‖ *Sol* ‖ *Do* ‖, o sea puras notas que serían del acorde de *Do mayor*. Puedes practicar esta embocadura fácilmente porque no aprietas nada; puedes tocar todas estas notas sólo con la boca y labios.

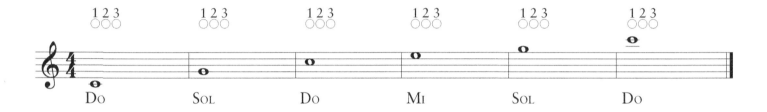

La Segunda Válvula Cerrada

Fíjate como ahora el circulito del medio es oscuro. Esto significa que aprietas la válvula 2, o sea la de en medio. Practica antes de empezar a tocar varios sonidos. Sopla fuerte y sopla suave. Aprieta los labios y afloja los labios. Haz como una *o* con los labios o haz como una *u*. Trata varias formas y no le tengas miedo; "haz ruido con la trompeta". Con la válvula dos, (o la de en medio,) cerrada tocas estas notas ‖ *Si* ‖ *Fa♯* o *Sol♭* ‖ *Si* ‖ *Re♯* o *Mi♭* ‖ *Fa♯* o *Sol♭* ‖ *Si*‖

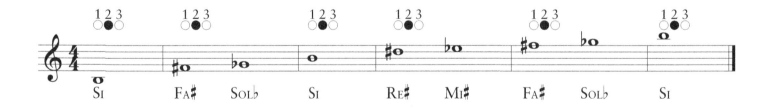

LA PRIMERA VÁLVULA CERRADA

Los tres dedos de en medio de la mano derecha son los que se usan para apretar las válvulas. En este caso aprieta la válvula número 1 con el dedo índice de la mano derecha. En esta posición vas a poder producir varios sonidos.

Las notas que se pueden tocar así son: ‖ *LA♯* o *Si♭* ‖ *FA* ‖ *LA♯* o *Si♭* ‖ *RE* ‖ *FA* ‖ *LA♯* o *Si♭* ‖

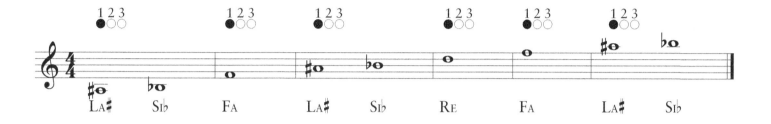

LA PRIMERA Y LA SEGUNDA VÁLVULAS CERRADAS

Ya casi comenzamos a tocar música. Por lo pronto practica esta combinación: La 1ª y la 2ª cerrada. Fíjate cómo las dos bolitas son de color negro. Practica notas largas todos los días. Y recuerda ¡*paciencia, mucha paciencia!*

Con esta combinación vamos a tocar las notas del acorde de *LA* o el tono de *LA*. Las notas son:

‖ *LA* ‖ *MI* ‖ *LA* ‖ *DO♯* ‖ *LA* ‖. Recuerda que el *DO♯* es igual al *RE♭*, así que ya tienes más notas para practicar.

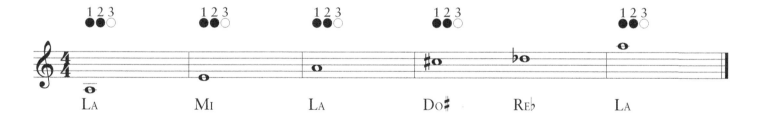

LA TERCER VÁLVULA CERRADA

Cuando aprietas la 3ª válvula se producen las mismas notas que la 1ª y la 2ª válvulas apretadas, pero no es tan común. La escribo para que sepas lo que se oye. En algunas ocasiones la vas a usar, pero es más común usar la 1ª y la 2ª.

Esta posición produce estas notas: ‖ *LA* ‖ *MI* ‖ *LA* ‖ *DO♯* o *RE♭* ‖ *LA* ‖

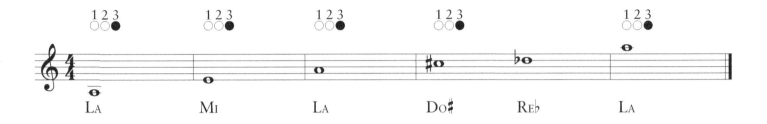

LA SEGUNDA Y LA TERCERA VÁLVULAS CERRADAS

Ahora vamos a tratar esta combinación: la 2ª y la 3ª cerradas o la 1ª abierta como se te haga más fácil. Recuerda soplar de diferente manera y practica todos los días. Cada combinación tiene su chiste. Estamos al principio del libro por lo que no debes creer que ya te debes saber todas las notas y las combinaciones posibles. Te muestro las combinaciones para que las uses como consulta cuando lo necesites. Recuerda que a lo largo de todo el libro aprenderás estas y muchas combinaciones más.

Esta combinación produce estas notas: ‖ *SOL♯* o *LA♭*‖ *RE♯* o *MI♭* ‖ *SOL♯* o *LA♭* ‖ *SOL♯* o *LA♭* ‖

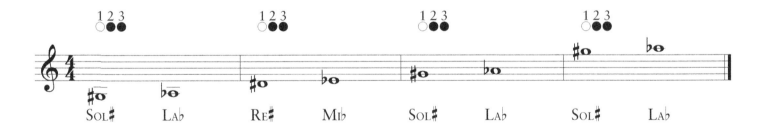

LA PRIMERA Y LA TERCERA VÁLVULAS CERRADAS

En esta posición con la 1ª y la 3ª válvulas cerradas tocas dos notas más: ‖ *SOL* ‖ *RE* ‖

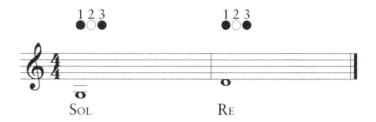

LAS TRES VÁLVULAS CERRADAS

Hay mas combinaciones para producir notas. Aquí tienes las tres válvulas apretadas o cerradas. Como puedes ver los tres circulitos se han rellenado u oscurecido. Con esta combinación se logran 2 notas más ‖ *FA♯* ‖ *DO♯* ‖ que en realidad son 4 notas porque también puedes tocar ‖ *SOL♭* ‖ *RE♭* ‖. Ya conoces todas las posiciones posibles. Vamos a empezar a tocar música. Ahora tan sólo falta el tono de afinación para que sepas como se escucha la primera nota que vas a tocar en la trompeta. Siempre que vayas a tocar una canción escucha el audio para que tengas una idea de como se oye la canción y para que te ayude a afinarte con el instrumento, porque la afinación es algo de lo más importante en este bonito instrumento.

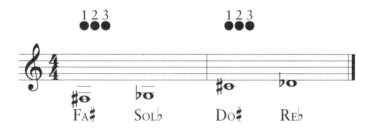

⭐ TONO DE AFINACIÓN

Toma la trompeta y sopla. Asegúrate de que estén *todas las valvulas abiertas*, no aprietes nada. Vas a oír un sonido. Escucha el Tema musical número 1 del audio. El sonido de la trompeta se debe de escuchar muy parecido al del audio, a ser posible igual, y así es como vas a poder saber si la trompeta esta afinada o si tú estás tocando bien, De esta forma también sabrás tocar la primera nota que vamos a aprender a tocar: la nota de *SOL*, recuerda que la trompeta tiene que estar en *SI♭* (*SI* bemol).

BIENVENIDOS

Ahora sí ya es hora de empezar a tocar algo de música. Vamos a comenzar poco a poco para que lo entiendas bien. En este libro, como en todos los otros que escribo, trato de hacer las cosas lo más sencillo posible pero que a la vez sean lógicas. La música es una de las formas de arte más bellas que hay y tiene mucha lógica. La forma de leer la música, de tocar los acordes, de crear las melodías y los ritmos, y de todo lo relacionado con la música es muy lógica. Si entiendes cómo funciona y cómo se crea la música, vas a darte cuenta que no es difícil como parece. Notarás que una cosa te lleva a la otra, y sobre todo, la vas a disfrutar más. Cuanto más estudies, más fácil se te va a hacer todo. Para lograr tocar bien la trompeta basta con practicar mucho y tocar bien todas las canciones y ejercicios que hay en este libro además de repasar varias veces el material. Estudia y repasa todo bien hasta que lo entiendas y lo hagas bien, y te garantizo que vas a aprender a tocar la trompeta muy bien. Escucha mucha música para afinar tu oído y practica los ejercicios llamados *Uno al día*. Espero que esto sea un buen principio y te motive aún mas a aprender este instrumento. Bueno, sin más palabras comenzamos y ¡bienvenidos a la música y a la trompeta!

LA PRIMERA NOTA: *SOL*

Una de las mejores prácticas que vas a poder hacer es tocar las *notas largas*; o sea, tomas bastante aire por la nariz, tocas una nota y sostienes el sonido soplando el más tiempo posible. Tomas aire otra vez y tocas la nota lo más larga posible.

Toca esa nota durante la mayor cantidad de tiempo posible, y así, *nota por nota* hasta que produzcas un buen sonido. Dedica por lo menos 6 meses de práctica diaria. Toca varias notas lo más largo que puedas.

Vamos a comenzar con el *SOL*: estúdialo ¡*Nota larga!*

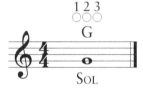

❷ REDONDAS, BLANCAS Y NEGRAS

Como sólo conoces la nota *Sol*, (G en inglés) vamos a hacer una pequeña canción con la nota de *Sol*, usando los tiempos más comunes de la música: redondas, blancas, negras y por supuesto los silencios de redondas, blancas y negras.

NUEVA NOTA *FA*

Ya debes de poder tocar la nota de *Sol* muy bien. Ahora conozcamos una nota nueva: *Fa*. Con dos notas ya podemos hacer un poquito de música. Ahora vamos a practicar. Fíjate bien como haces la embocadura para que se oiga igual que en el audio.

No te desanimes si te cuesta trabajo al principio, todos pasamos por lo mismo. Cuanto más practiques, más pronto podrás tocar las notas. Trata de tocar la trompeta por lo menos 1 hora todos los días. Sóplale todos los días y muy pronto verás el resultado.

⭐3 UN SOL-DADO FA-MOSO

nota de FA de 4 tiempos

nota de FA de 1 tiempos

nota de FA de 2 tiempos

⭐4 UN POCO MÁS

En esta canción vas a notar un pequeño silencio en donde están las notas blancas. Fíjate arribita donde están las comitas. Las comitas significan que vas a respirar para poder seguir tocando. Si fuera un piano o un violín no tendrías que respirar, pero en la trompeta no queda de otra. Por eso te pongo esas comitas, para que respires.

comita de respiracion

respira

Tocalo igualito que en el audio.

Nueva Nota Mi

De poquito a poquito, ya conoces el *Sol* y el *Fa*. Ahora vas a aprender la nota *Mi*. Fíjate que se toca con la válvula 1 y 2 apretadas. Escucha siempre audio varias veces antes de empezar a tocar para que tengas una idea de cómo se oye la canción que estudias en ese momento. Y no se te olvide practicar todos los días... *notas largas... notas* **muy largas**.

Te lo repito mucho porque sé lo importante que es tocar notas largas ... ¡todos los días!

5 MI GUSTO ES TOCAR BIEN

6 BAJADITA Y SUBIDITA

Aquí ya hay una bajadita y una subidita en el sonido: *Sol - Fa - Mi*, se oye de bajadita y si vamos para arriba es: *Mi - Fa - Sol*. Tanto de bajada o subida lo importante es que toques lo mejor que puedas, que no te chille la trompeta y que el sonido salga claro y limpio. Trata de tocar lo más parecido al audio que puedas y tócalo a tiempo. Practica como si tuvieras un maestro en casa.

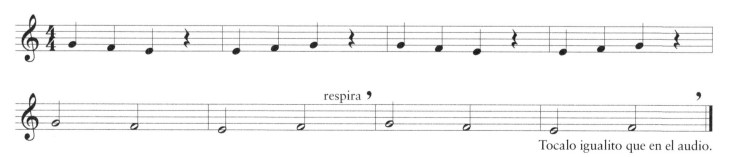

Tócalo igualito que en el audio.

NUEVA NOTA RE

Ya vamos mejorando. Aquí te muestro otra nota más para tu colección. Recuerda que la música tiene varias notas, que me imagino que ya las debes de conocer: DO - RE - MI - FA - SOL - LA - SI, son 7 notas diferentes. Por supuesto, también existen los sostenidos que son: DO# - RE# - FA# - SOL# - LA#, 5 notas diferentes que forman un total de 12 sonidos diferentes. También están los bemoles: SIb - LAb - SOLb - MIb - REb. Con esta combinación de notas vas a poder tocar casi todas las canciones del mundo. Por ahora ya conoces: SOL, FA, MI y esta nueva nota: RE.

7 QUÉ RE-BONITO ESTOY TOCANDO

8 MI SOL ESTÁ RE FÁ-CIL

Fíjate como en esta parte te pongo las notas pero no le pongo la posición de la trompeta. Lo que pasa es que debes ir aprendiendo cómo se toca cada nota porque más adelante ya no voy a poner la posición. En esta canción se practican 4 notas: SOL - FA - MI - RE

NUEVA NOTA DO

Por fin llegamos al *Do*. Esta es una nota muy importante y la vas a usar mucho. En el piano esta nota es el *Do* central. En la siguiente página te explico una cosa importantísima con relación al piano y la trompeta.

Por otra parte fíjate que esta nota se toca igual que el *Sol* que ya conoces, o sea, todas las válvulas sin apretar, lo que cambia es la embocadura. Una forma de saber cuál es cuál es tocar sin apretar las válvulas y trata de hacer dos sonidos *diferentes*; el más agudo por lo general va a ser *Sol* y el más grave es *Do*. Cuanto más flojos estén los labios más bajo será el sonido.

9 DO-MINANDO LA TROMPETA

10 LAS 5 NOTAS PRINCIPALES

Aquí tienes las 5 notas principales: *Do, Re, Mi, Fa, Sol*. Las llamo así, porque con estas 5 notas ya puedes tocar algunas tonaditas de canciones infantiles conocidas o algunas melodías simples, pero al menos ya puedes tocar música. Apréndetelas bien porque más adelante ya les voy a quitar las bolitas de abajo donde dice la posición de la trompeta.

TRANSPOSICIÓN

La trompeta es un instrumento que no esta afinado en el mismo tono que el *piano*. Voy a tratar de explicarte de una forma fácil lo que esto significa.

El piano es el instrumento más completo que hay y uno de los principales para estudiar la música. Si en un piano tocas la nota *Do*, se escucha *Do*; así de fácil. Pero si en la *trompeta* tocas la nota *Do*, en realidad se escucha la nota de *Si♭* (*Si* bemol).

En realidad, esto es muy sencillo. Lo único que tienes que saber por ahora es que *Si tocas una nota en la trompeta, en realidad se escucha otra diferente en el piano.* Esto es muy importante porque en el *mariachi* tocas: *trompeta ‖ violín ‖ guitarra ‖ vihuela ‖ guitarrón.*

Entonces si el violín toca *Do*, se oye *Do*. Si la guitarra toca *Do* se oye *Do*. Cuando la *trompeta* toca *Do* no se oye *Do*.

No te preocupes mucho de esto por ahora porque para eso esta el arreglista, que hace que el violín toque una nota y la trompeta otra para que las dos se oigan igual, en el mismo tono.

En la *banda* los instrumentos son: ‖*trompeta ‖ trombón ‖ saxofón ‖ clarinete ‖ tuba ‖ instrumentos de percusión.* ‖ Entre estos instrumentos existen algunos que utilizan la *transposición* (o sea que se oyen diferente al piano) y son: *trompeta, saxofón* y *clarinete.* Hay algunas *tubas* que están afinadas en *Si♭*, así como los *trombones de válvula*, que son como si fueran trompetas en tono grave. Además las *charchetas*, que son como tubas, pero chiquitas, están también afinadas en *Si♭*.

Te pongo un ejemplo con el piano.

🎺 TRANSPOSICIÓN MUSICAL

Toca esta melodía junto con el audio y te vas a dar cuenta que la trompeta parece estar desafinada o en otro tono. En realidad *no se oye igual*, porque las notas que escuchas en el audio se tocan con *piano*. Al tocar ese *Do* en el piano en la trompeta se oye otra nota, aunque estés tocando también *Do*. ¿Lo entiendes más o menos?...Si sigues estudiando música lo entenderás mejor.

12 AHORA EN OTRO TONO

Ahora toca esta misma canción junto con el audio y te vas a dar cuenta que se escuchan igual el piano y la trompeta. Ahora tú tocas las notas de la canción 11, o sea *DO - DO - RE - DO - FA – MI,* etcétera. El piano, sin embargo, va a tocar otras notas que son *SIb - SIb - DO - SIb - MIb – RE,* etcétera. Observa que al tocar juntos, se escucha igual.

13 TONADITA INFANTIL

Como ya conoces 5 notas, vamos a tocar una tonadita infantil. Es sencilla pero te sirve de práctica para memorizar las 5 notas que ya debes de conocer. Fíjate que ¡ya no pongo las válvulas abajo! Estoy seguro que ya debes de saberlas. En cuanto a la respiración, fíjate que ya no hay comitas para señalarte en donde respirar. Lógicamente toca las notas a tiempo y respira un poco antes de tocar el primer tiempo (más o menos cada dos compases).

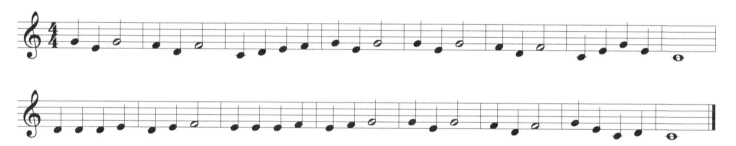

14 MIS PRIMEROS PININOS (RANCHERITA)

Estas son unas canciones que están en el libro *Teclado* de esta misma serie que aparecen también en el de *Guitarra* y *Bajo*. Recuerda que si tocaras estas canciones junto con el teclado, se iba a escuchar en otro tono. Recuerda que la trompeta está afinada en otro tono.

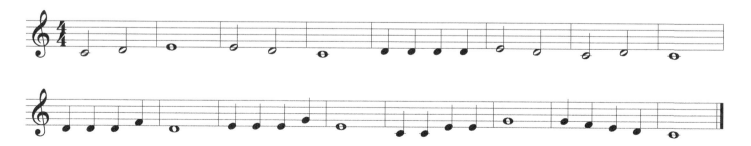

15 SOL-DA-DO EMBOCADURA DE *SOL* Y *DO*

En esta canción solo vas a tocar *Do* y *Sol* sin apretar ninguna válvula, sólo reposa los dedos encima de las válvulas pero no las aprietes. Vas a tocar estas notas con la pura boca. Recuerda los tiempos: rendondas, blancas y negras.

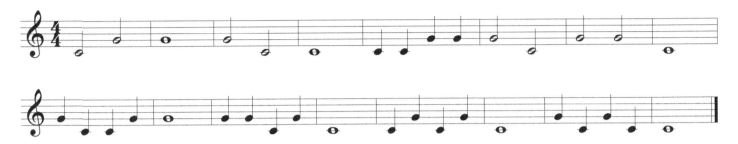

Valvulas abiertas solamente.

Experimenta desde ahorita.

Cuando estés tocando esta canción probablemente te salga otro sonido más alto que el *Sol*. Si te ocurre esto, entonces descubriste otra nota; el *Do* alto. Fíjate en la página 7 y vas a ver cómo con las válvulas abiertas puedes tocar el *Do* central y luego el *Sol* y luego el *Do* alto y luego el *Mi* alto, etcétera. O sea todas estas notas: Trata de ir experimentando desde ahora.

*Nota: Fíjate que este tipo de música se oye ¡como la que tocan los soldados!

NUEVA NOTA *LA*, NUEVO RITMO

Ya conocemos 5 notas: *Do - Re - Mi - Fa - Sol*. Ahora vamos a conocer el *La*. La duración de las notas que sabemos son: redonda, blanca y negra; ahora vamos a conocer las *corcheas*.

Fíjate en la siguiente tabla para que veas más o menos como se forman los corcheas. Son dos notas que se tocan en un tiempo, cada una vale medio tiempo. Imagínate como si cada nota negra valiera 1 dólar. Las blancas 2 dólares, y la redonda 4 dólares. Entonces cada corchea valdría 0,50 centavos.

*Nota: Esto no es solfeo, ni un libro de solfeo. Sería muy difícil enseñar en un solo libro solfeo y trompeta a la misma vez. Simplemente te doy una idea de lo que duran las notas, pero la mejor forma es estudiar solfeo de verdad. Te recomiendo mucho el libro *Solfeo* de esta misma serie para que sepas cómo se lee la música. En cuanto a este libro, escucha el audio y toca la música igual que en el audio, de esa manera vas a ir sabiendo como se tocan las notas.

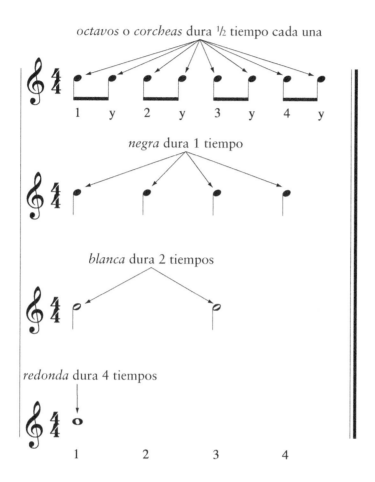

16 UNA NOTA MÁS

⑰ HACE MUCHOS AÑOS

El principio de esta melodía es familiar, es de una tonadita de una canción infantil americana que se llama *Long Long Ago*. Hice algunos cambios en la segunda parte, trata de hacerla igualito con el audio, para que lleves el tiempo.

LOS COMPASES

Cuatro por cuatro

El compás de ⁴₄, es el más común. El número de arriba te dice *cuántas* notas hay en un compás: o sea hay 4 notas en un compás. Ahora para saber de qué clase de notas se trata, entonces vemos el número de abajo. En este caso es también 4. Por lo tanto, cada nota es de ¼, o sea una *negra*. El compás tiene entonces 4 notas negras o cualquiera de sus equivalentes; 2 notas blancas, 8 corcheas, 1 redonda, etcétera. El número de abajo te dice *qué tipo* de notas son.

Tres por cuatro

El compás de ³₄ se usa para rancheras o valses, y también es muy común. El número 3 de arriba te dice que hay 3 notas en un compás. El número de abajo es también 4 como en el caso anterior. Por lo tanto, el tipo de notas son también negras. Tiene 3 negras o 3 notas de 1 tiempo cada una. Por supuesto que también lo puedes hacer con algún equivalente; 1 blanca y 1 negra o 6 corcheas o 1 blanca con puntillo.

tres/cuartos   notas con puntillo   ligadura

LAAAAAAAAAAAAAAAAAAAAAAAAA

El tiempo en la música es algo básico. En este caso, en cada compás debe de haber 3 notas. (porque el numero de arriba dice *cuántas* notas debe de haber). Por supuesto, cada nota vale un tiempo. Hay 3 notas negras en cada compás. Porque una nota negra vale 1 tiempo. El *puntito* que se pone al lado de las notas, aumenta el valor de la nota, la mitad de lo que vale.
Si la nota blanca dura 2 tiempos, entonces:

Blanca   +   puntito   =   3
　2   　+　 1   　=　 3   　𝅗𝅥 + . = 3

La *ligadura* es una rayita curva que une a dos o más notas para alargar la duración de la nota.

En este caso cada nota con puntito dura 3 tiempos, pero en este ejemplo la ligadura une a 2 notas de tres tiempos + 1 nota negra de 1 tiempo. Entonces la primer nota se toca, pero durante 7 tiempos, o sea se hace laaaaaarga. La nota más larga que hay es de 4 tiempos, pero con la ligadura podemos hacer notas de 5 tiempos, de 7, de 14 o de 30 si queremos. Las notas se unen y se toca sólo la primer nota, alargando el sonido.

18 RANCHERA

Esta canción está en tres por cuatro. Pon mucha atención en las notas con puntillo ya que duran 3 tiempos cada una. Fíjate también en la ligadura. Otra cosa para tener en cuenta, es que al final las notas negras duran 1 tiempo cada una, y como la canción va un poquito rapidita, muchos tocan el final demasiado lento. Escucha el audio siempre antes de tocar una canción para que sepas como va.

NUEVA NOTA SI BAJO

Esta nueva nota suena grave. Esta abajo del *Do* central y se llama *Si*. Se toca apretando la válvula de en medio, o sea, la 2. Toca esta canción que sigue en donde podrás tocar todas las notas que conoces hasta ahorita.

Cuando hay varias corcheas juntas, normalmente se le pone una barrita atravesada para unirlas todas y se pueda leer más fácilmente.

19 ASÍ ME GUSTA TOCAR

20 DE TODO UN POCO

En esta canción, vas a practicar varios ritmos que ya conoces y sobre todo las notas de *Si* a *La*. A estas alturas ya debes poder tocar muy bien cada una de ellas. De nuevo te repito: practica notas largas todos los días, es muy importante.

BARRAS DE REPETICIÓN

Los barras de repetición sirven para repetir un fragmento de música, para que no se tenga que escribir lo mismo dos veces. Si vas a tocar algo y lo quieres repetir en lugar de escribirlo otra vez, se acostumbra poner los barras de repetición.

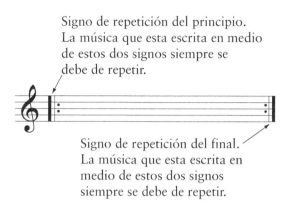

Signo de repetición del principio. La música que esta escrita en medio de estos dos signos siempre se debe de repetir.

Signo de repetición del final. La música que esta escrita en medio de estos dos signos siempre se debe de repetir.

Todo lo que esté dentro de los dos barras de repetición, o sea las doble barritas con puntitos, se debe repetir. Fíjate que unos puntitos están del lado izquierdo y los otros del lado derecho de las barras.

NUEVA NOTA *LA* BAJO

Lo importante de tocar un instrumento, es saber en dónde está cada una de las notas de ese instrumento y tener la rapidez y la práctica suficiente para tocar cada una de las notas a tiempo con la música. Como este es un libro básico y en realidad hay poco espacio para poner todo lo que me gustaría enseñar de música, vamos a poner varias notas nuevas seguidas con ejemplos. Recuerda que lo principal es que te aprendas *todas* las notas en la trompeta. Repasa las páginas 7 y 8. Por lo pronto la nueva nota es *LA*.

21 TONADITA TRISTE

Esta melodía está un poco rara. Escúchala en el audio para que te familiarices con ella. No creas que toda la música es así, lo que pasa es que más bien estás conociendo las notas del instrumento. Además las canciones que me imagino te gustan, requieren más notas y mas ritmos para poderse tocar. Así que sigue estudiando, ¡vas muy bien!

Recuerda que el *Mi* se toca con las válvulas 1 y 2 y que también el *La* bajo se toca igual. Lo único que cambia es la embocadura. Es lo mismo que pasa con *Sol* y el *Do* ¿te acuerdas?

Practica las notas por separado, no toques solamente la canción. No se te olvide tocar notas muy largas, todos los días para que agarres un buen sonido. ¡Enhorabuena por llegar hasta esta canción!

Cuando sólo esté el signo de repetición del final, entonces siempre se vuelve al principio de la música.

22 ESTOY TRISTE SIN TI

Aquí tienes otra melodía que parece media triste porque esta en tono menor. Si quieres saber un poco más de cómo son los tonos o por qué se escriben de tal o cual manera, lee el libro *Armonía* de esta misma serie.

Si no tuviera los barras de repetición tendríamos que escribir toda la música de esta manera, fíjate en este ejemplo.

NOTA *SI* ALTO

¿Recuerdas dónde se tocaba el *Si* bajo? ¿Con la válvula de en medio verdad? El *Si* que está en la tercera línea se toca igual, con la válvula de en medio. Esta nota, sin embargo, se toca con diferente embocadura. Practica los dos *Si*, alto y bajo, alto y bajo... La música se toca con diferente volumen, especialmente la trompeta. Si soplas más fuerte se oye mas recio y si le soplas bajito casi no se oye. De esta forma puedes bajar y subir el volumen de la música. Para indicar cuándo se debe bajar o subir de volumen, se usan unas letras que representan palabras en italiano que significan diferente volumen.

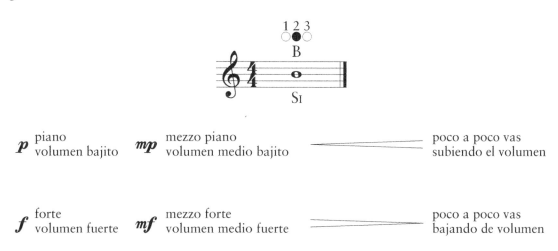

p	piano volumen bajito	*mp*	mezzo piano volumen medio bajito

poco a poco vas
subiendo el volumen

f	forte volumen fuerte	*mf*	mezzo forte volumen medio fuerte

poco a poco vas
bajando de volumen

23 SUBIR Y BAJAR DE VOLUMEN

En la música es muy importante tocar con sentimiento. Cualquier canción que toques o cualquier instrumento que estés aprendiendo, si lo haces con sentimiento siempre se va a escuchar más bonito. Una forma de demostrar el sentimiento es con la variación de volumen. Si tocas todo el tiempo con volumen fuerte, puede ser un poco monótono. Por eso es importante variar el volumen al interpretar una canción. Otra cosa importante es el estilo de música que estés tocando. Una canción romántica, por lo general tiene volumen bajito o medio. Si se trata de una marcha o una canción bailable, se escuchará mejor con volumen fuerte o medio fuerte. De aquí en adelante, siempre que toques, trata de interpretar el sentimiento de cada canción y demuéstralo por medio de la trompeta.

24 UNO AL DÍA N° I

Estos ejercicios que voy a poner durante todo el libro, son muy buenos para practicar un poco de técnica en el instrumento. Si los tocas cuando menos uno al día, te garantizo que en muy poco tiempo vas a notar la diferencia en tu forma de tocar la trompeta. Escoge el que tú quieras y practícalo diariamente. Debes de tocarlos todos por lo menos unas 10 veces cada uno. Observa que son repetitivos y te sirven mucho para la embocadura.

En este caso todas las notas son con las válvulas al aire, sin apretar ninguna.

25 UNO AL DÍA N° 2

Aquí tienes uno más. En este caso es con las dos válvulas apretadas. Practica estos ejercicios lo mejor que puedas y no se te olvide hacer notas largas.

26 UNO AL DÍA N° 3

Aquí tienes uno más. Éste tiene la primera válvula apretada. Trata siempre de que se escuchen las notas bien y siempre escucha el audio antes de empezar a tocar.

27 UNO AL DÍA N° 4

Otro ejercicio más con la válvula de en medio cerrada. Durante todo el tiempo que estés estudiando este libro, trata de hacer uno de estos ejercicios cada día y vas a ver los buenos resultados que obtienes.

¿Verdad que sí te da buen resultado después de cuatro días de tocar estos ejercicios? Ésa es la razón por la que estos libros se llaman *Música Fácil*.

NUEVA NOTA DO

Esta nueva nota es *Do* alto. Está en el tercer espacio y se toca con las válvulas abiertas, igualito que el *Sol* y el *Do* central. La diferencia creo que ya la sabes; es la embocadura. Cuanto más alta sea la nota en la trompeta, más cuesta tocarla. Si te cuesta trabajo esta nota, no te desanimes, sigue practicando y de seguro la vas a poder tocar. Aprieta un poco más los labios y escucha el audio.

28 DE *DO* A *DO*

No hay mucho que decir en esta canción, sólo que la practiques hasta que te salga muy bien.

29 ESCALA DE *DO* MAYOR

Éstas son las notas que forman la primera escala. Te las muestro para que las estudies y las aprendas. Toca la escala de memoria y practica para arriba y para abajo, para un lado y para otro. Tócala lentamente, tócala rápidamente, con las notas seguidas y con las notas salteadas; o sea, de pies a cabeza. Como sabes, parte de la base de la música son las escalas y los acordes. De aquí en adelante, si de verdad quieres aprender a tocar la trompeta bien, no dejes que pase un día sin que toques la escala de *Do mayor* por lo menos unas 30 veces diarias, de abajo para arriba y de arriba para abajo.

Y por supuesto no se te olvide tocar cada una de las notas lo mas largas posibles. Ésta es la famosa escala de *Do mayor* en la trompeta, practícala muchas veces, te va a servir muchísimo.

NUEVA NOTA *SOL* GRAVE

Esta nota de *SOL* es muy baja, se oye muy grave. Se toca con los labios sueltos, no aprietes tanto la boca. De aquí en adelante vamos a ir más rápido. En esta misma página hay otra nota nueva. Una cosa importante en esta canción es la *anacrusa*. Fíjate que al principio de la canción hay solo una nota de 1 tiempo, en lugar de 4 notas para llenar un compás. A eso se le llama *anacrusa*.

Los tiempos que falten en el primer compás, se ponen en el último compás, de esa manera la música está completa.

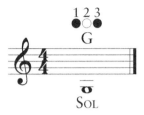

30 MOVIDITA

NUEVA NOTA *FA*♯

Recuerda que en las notas también hay sostenidos (♯) y bemoles (♭). Así que ya es hora de aprender estas notas también. Vamos a comenzar con *FA*♯.

No pienses que es difícil, tan sólo toca las válvulas de la trompeta y el sonido sale solito. No porque se llame *FA*♯ tiene que ser más difícil que *FA*, es simplemente otro nombre. Cuida mucho la afinación. A un músico que siempre toca afinado se le valora. La afinación está en tu oído. Cuando toques una nota, trata de hacerla lo más parecida al audio. Sobre todo escucha mucha música de todo tipo y estudia mucho. Estoy seguro que vas a ser un músico muy bien afinado.

Repaso De Notas

Aquí te pongo en resumen las notas que ya te debes de saber. Repásalas una por
una. Si no te sabes alguna, búscala en las páginas anteriores. ¿Te das cuenta como
de poquito en poquito ya sabes mucha música? Como puedes ver es un sistema
muy fácil de aprender. Ojalá que te motive para conseguir más libros de esta misma
serie y aprender armonía, solfeo, canto o algún otro instrumento. Todos esos libros
son también muy fáciles de entender.

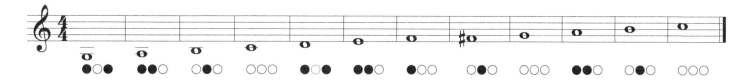

31 TODO POR TI

La ligadura alarga el valor de la nota. Recuerda que sólo se toca la primera nota y
después se le suma el valor de la nota ligada. En esta canción vas a poder practicar
esto. Por supuesto, no se te olvide cuidar que cada nota que toques, se escuche bien
clarita, y mantén el mismo tiempo durante toda la canción, no la hagas más rápida
o más lenta. Fíjate que esta canción empieza en anacrusa.

32 ESCALA DE *SOL* MAYOR

Ésta es la escala de *Sol* mayor. Me imagino que ya te sabes perfectamente la escala
de *Do*. En esta escala ésta la nota de *Fa♯*, trata de tocarla muchas veces cada día y
cada vez se te va a hacer más fácil tocar. Vas muy bien. ¡Sigue adelante!

NUEVAS NOTAS *Sib* BAJO Y *Sib* ALTO

Estas dos notas son *Sib* (Si bemol). La de la derecha es más aguda que la de la izquierda. Las dos se tocan apretando la válvula 1. La diferencia está en la embocadura. Recuerda que para hacer las notas graves, pones los labios más flojitos que cuando vas a tocar notas altas. Practica un sonido y luego otro. Siempre que estudies una nota nueva, tócala con notas largas y con la embocadura correcta. Después que lo hayas conseguido, toca la siguiente canción.

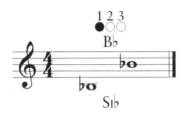

33 CANCIÓN EN *FA* MAYOR

Esta canción está en el tono de *FA mayor* porque este tono usa un bemol, el *SI* bemol.

blanca con puntito vale: 3 tiempos

Estas notas, también son Si bemol.
Porque están dentro del mismo compás,
no se tiene que poner el (♭) otra vez.

COMPÁS DE $\frac{2}{4}$

En un compás de $\frac{2}{4}$ debe haber 2 tiempos; o sea, 2 notas de 1 tiempo cada una. Las notas negras duran un tiempo cada una, por eso hay 2 negras en el compás. Se puede utilizar también cualquier combinación de notas y silencios para hacer los 2 tiempos. Y si te digo cualquier combinación, quiero decir que no hay límite. Usa tu imaginación y lee mucha música y te vas a dar cuenta de todas las posibilidades que hay de llenar este compás. Aquí te pongo sólo algunas con diferentes notas, para que veas como se ven. Si puedes, trata de tocarlas.

Éstos son sólo algunos ejemplos de cómo puedes llenar los compases de $\frac{2}{4}$. Si tuviéramos espacio en el libro y un poco más de tiempo, te podría poner miles de ejemplos diferentes, y no estoy exagerando cuando digo miles. Es por esto que la música es tan bonita. Aunque puede haber miles de formas, preocúpate ahora de entender éstas. Si sigues practicando te darás cuenta de como podrás tocar y leer fácilmente todos estos ejemplos.

34 MARCHA NOCTURNA

Esta canción la vas a tocar en $\frac{2}{4}$. Recuerda que el acento de la música siempre se hace en el primer tiempo. Lo más importante de los compases es sentir el tiempo. De nada sirve contar perfectamente como un robot o como computadora. Lo importante es sentir la música y darle el tiempo adecuado. Eso lo vas a ir sintiendo con el tiempo. De momento, escucha el audio para que oigas como va esta canción.

dos cuartos

35 LIGADURA DE FRASEO

Este tipo de ligadura es una línea curva que une a dos notas *diferentes*; es decir de diferente sonido. Tocas la primer nota, y con el mismo aire sin respirar otra vez, sólo mueves los dedos para hacer la otra nota y así produces el otro sonido.

Esta línea une a notas *diferentes,* o sea de diferente sonido, y se tocan las dos notas, pero con una sola respiración.

Y esta línea une a dos notas *iguales,* del mismo sonido, y es para alargar la duración de la nota. Se toca la primera nota, pero se toca por el tiempo que duran las dos.

PRIMERA, SEGUNDA Y TERCERA VOZ

Como la trompeta no puede tocar dos notas al mismo tiempo, como por ejemplo el piano o la guitarra, entonces para tocar dos notas o más, se necesitan dos o más trompetas. Si quiero tocar dos notas al mismo tiempo uso dos trompetas, una toca la nota de arriba y la otra toca la nota de abajo. A la nota de arriba se le llama *primera voz*. A la nota de abajo se le llama *segunda voz*. Si es necesario hacer el acorde completo, en donde se deben de tocar como mínimo 3 notas, entonces se agrega una trompeta más. La nota más alta sería la *primera voz*, la nota de en medio, seria la *segunda voz* y la nota de más abajo, o la mas grave, se le llamaría *tercera voz*.

TERCERAS

En la música hay varios términos que se parecen, pero significan diferentes cosas. En este caso se le llama *terceras* a dos notas que forman un intervalo de tercera, ya sea mayor o menor. O sea, cuando hay dos trompetas tocando una melodía, una de ellas toca la nota más alta, y es la *primera voz*, o la primera. La otra trompeta toca la nota de abajo, o sea la *segunda voz* o la segunda. Pero si hay una tercera trompeta entonces tocaría la tercera (se refiere a la *tercera voz*). Observa que en los intervalos, o sea la distancia que hay de una nota a otra, se le llama *tercera* a la distancia que hay de DO a MI, por ejemplo, o de RE a FA.

De MI a SOL hay una tercera de distancia (se cuentan las notas que hay de una a otra, MI-FA-SOL), de DO a MI es igual (DO-RE-MI), de FA a LA igual (FA-SOL-LA). ¿Te das cuenta de que todas son terceras? Es un intervalo muy bonito y siempre se va a oír bien. Cuando esto pasa se le llama tercera, pero se refiere al intervalo. Otras veces se le llama tercera, pero se refiere a la voz que va a tocar el instrumento. Poco a poco se te va a hacer más fácil. Por ahora, toca esta canción y vas a notar que son puras terceras. Si te interesa saber más sobre cómo hacer esto, cómo se forman los intervalos o cómo hacer arreglos, te recomiendo el libro *Armonía*, de esta misma serie. La armonía es lo mejor que hay para aprender música de verdad.

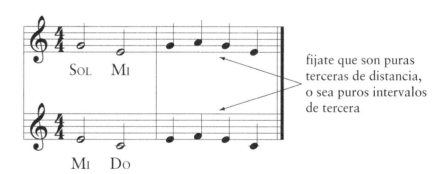

fijate que son puras terceras de distancia, o sea puros intervalos de tercera

36 TERCERAS CON AMOR

El primer pentagrama es la *primera* y el pentagrama de abajo es la *segunda*.
Escucha el audio y vas a oír primero como se oye la primera trompeta sola, luego la
segunda trompeta sola y después vas a oír ¡las dos trompetas juntas, *primera y
segunda voz*. Cuando escuches la primera, tú tocas la segunda voz, y cuando
escuches la segunda, tú tocas la primera voz. Si conoces a algún amigo que también
toque trompeta, pueden tocar juntos ¡y se va a oír bien bonito!

SEXTAS

De la misma manera que te expliqué las terceras te voy a explicar las sextas. Hay
otro intervalo muy popular que son las sextas. Tenemos la Sexta mayor y sexta
menor que también se usan mucho y se escuchan muy bonito. En las sextas, la
distancia de una nota a la otra es más grande, por ejemplo una Sexta mayor es de
Do a *La*, porque hay 6 notas de distancia (*Do, Re, Mi, Fa, Sol, La*) y de *Re* a *Si♭*
es una sexta menor (*Re, Mi, Fa, Sol, La, Si♭*). La diferencia de una y otra es la
cantidad de notas que hay, si contamos todas, en una hay 10 notas y en la otra 9.
De *Do* a *La* hay 10 notas por lo que es una Sexta mayor, (*Do, Do♯, Re, Re♯, Mi,
Fa, Fa♯, Sol, Sol♯, La*). De *Re* a *Si♭* hay 9 notas, que se llama sexta menor (*Re,
Re♯, Mi, Fa, Fa♯, Sol, Sol♯, La, Si♭*). Fíjate que siempre cuentas de la nota más
grave a la nota más aguda. Recuerda que saber y conocer los intervalos es algo
importante en la música. Si quieres tener más conocimientos sobre esto, debes
estudiar armonía.

notas altas

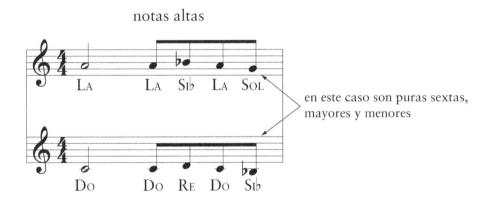

en este caso son puras sextas,
mayores y menores

(37) SEXTAS CON AMOR

Ahora toca este ejemplo de la misma manera que tocaste el anterior; Si oyes la primera voz, tú tocas la segunda, y si la segunda, tú tocas la primera. Después de estas dos canciones, espero que comprendas lo que son los intervalos de 3ª y de 6ª.

Después de tocar la canción 36 y la 37, ya puedes entender mejor lo que es una canción a dos voces y lo que son los intervalos de 3ª y de 6ª. Seguro que ya entenderás también lo que llaman popularmente, la primera y la segunda. Es un pedacito de una melodía, pero más que suficiente para darte una idea de cómo se toca una canción a dos voces.

Muchas felicidades por llegar hasta esta parte del libro. Sigue adelante y estoy seguro que muy pronto vas a tocar en una banda o en un mariachi y vas a poder tocar muchas canciones que a ti te gusten. Por lo general el que mejor toca la trompeta hace la primera voz, espero que seas tú la primera trompeta de tu grupo para que después puedas decir con orgullo "yo empece a estudiar trompeta con los métodos de *Música fácil*". Espero que esto sea así y que eso motive a más personas a estudiar música, porque recuerda *que la música es para siempre.*

ACENTOS

En la música hay varios *acentos*, para dar más importancia a algunas notas o para acortar el sonido. También se usan los acentos para darle más importancia a cierta parte de la música. Sobre todo en la trompeta se usa mucho tipo de *"marcas"* o *"marks"* en inglés, que son símbolos o letras que determinan como se interpreta la pieza musical. Estos son algunos ejemplos de esas marcas. Con el tiempo y el estudio vas a aprender más. Cada uno de ellas se usa para algo en especial, algunos ya las conoces, otros las vamos a estudiar en esta página.

Los *puntitos arriba* de las notas significa que hay que tocar la nota mas cortita que su valor normal, casi por mitad de lo que valen.

La *f* es para hacer el volumen fuerte o más recio viene de la palabra *forte,* del idioma Italiano.

Y esta rayitas, son para darle un *acento* a las notas. O sea al tocar esa nota, como que le soplas más fuerte, para remarcar esta nota en especial, como diciendo *aquí estoy.*

La *p* es para hacer el volumen bajito, viene de la palabra *piano,* del idioma Italiano

Estas curvitas son para *ligar las notas* con una sola respiración, dos notas un solo soplido.

Esta linea es para *subiendo poco a poco* el volumen. En Italiano se dice *crescendo.*

Esta linea es para ir *bajando poco a poco* el volumen. En Italiano se dice *decrescendo.*

38 ACENTOS Y MÁS ACENTOS

Ahora que ya sabes que significa cada uno, toca esta canción y escucha el audio para tengas una idea de como se oye. Trata de respetar cada uno de las marcas que veas, y de aquí en adelante. Cuando veas algo escrito trata de hacerlo lo mejor que puedas.

39 UNO AL DÍA N° 5

Aquí tienes otros ejercicios diarios. Cada uno de ellos te da la oportunidad de practicar algo especial en la trompeta y ciertas cuestiones técnicas del instrumento. Recuerda: toca siempre uno al día.

40 UNO AL DÍA N° 6

Este ejercicio esta en el tono de *LA*. Cuida los acentos y las ligaduras de fraseo y fíjate que se tocan todas las notas, con la misma posición de las válvulas.

41 UNO AL DÍA N° 7

Aquí tienes otro ejercicio más. Fíjate que todos estos son parecidos en el ritmo porque como estás empezando, no te pongo ritmos complicados. Más adelante vas a hacer ejercicios como éstos pero con ritmos mas avanzados.

42 UNO AL DÍA N° 8

Este ejecicio tiene notas bajas y solamente tiene 2 notas, la nota de SOL y la nota de
RE.

43 UNO AL DÍA N° 9

Este ejercicio tiene 3 notas. Como ves hay un sostenido pero no importa lo que
tenga, la posición de las válvulas en la trompeta es la misma. La pongo al principio
para que te acuerdes, aunque se supone que ya debes conocer estas notas.

44 UNO AL DÍA N° 10

Aquí tienes otro ejercicio con notas al aire. Es un poco más largo que los demás,
pero funciona de la misma manera. Está pensado para que te sirva para practicar la
embocadura y la respiración.

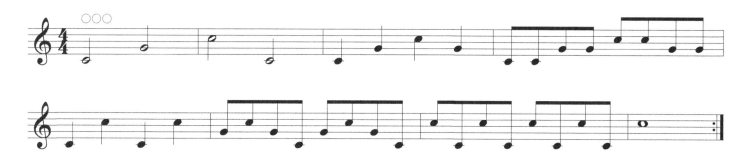

RITMO NUEVO

Este ritmo es muy popular y se usa mucho, es una nota negra con un puntito que en música se llama puntillo. El puntillo hace que la nota dure un tiempo y medio sin que importe si el palito esté para abajo o para arriba. En realidad lo que cuenta es la cabecita de la nota. La nota negra con puntillo es un poco más larga que la nota negra que ya conoces. Escucha , el audio en la canción que sigue para que lo entiendas mejor. Una negra con puntillo vale lo mismo que 3 corcheas. En un compás de $\frac{4}{4}$, puede haber dos negras con puntillo y dos corcheas, y con esa variedad se puede hacer infinidad de ritmos.

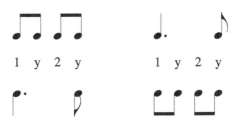

Nueva Nota Do♯ Bajo

Ésta es la primera nota que vas a tocar con todas las válvulas cerradas. El Do♯ es una nota importante en la escala de RE mayor. Ya que pertenece a la escala y al tono de RE mayor, también está en la escala de LA mayor así como en algunas otras escalas. Por lo tanto, tócala bien y practícala como todas las demás, con notas largas y con muy buena afinación.

En la canción que sigue, vas a poder poner en practica la nota y el ritmo de negra con puntillo. ¿Increíble que ya sepas tanto en tan poco tiempo verdad? Seguro que no te imaginabas que la música fuera así de fácil? Como ves con *Música fácil* sí que es fácil.

45 Y PUNTO

Aquí tienes la oportunidad de practicar las notas bajas en la trompeta, el ritmo de negra con puntillo, el *Do♯*, el *Fa♯*, las marcas de interpretación y mucho más. Como ves en poco tiempo se puede hacer mucho. Recuerda: toca con mucho sentimiento.

46 MELODÍA RARA DE REPASO

Esta melodía esta media rara, pero esa es la idea. Esta pensada para que puedas practicar las notas que ya conoces. Prepárate porque seguimos con más ritmos y notas en las siguientes páginas. Escucha el audio para que sepas como va.

Este es un *becuadro*. Anula
el sostenido anterior. En
Inglés se le llama *natural*.

En esta melodía están todas las notas que conoces hasta ahora. La hice así de rara para que leas nota por nota. A veces cuando la melodía es muy lógica, casi se la aprende uno de oído y muchas veces sin leer las notas. Cuando la melodía es rara o diferente, nos fuerza a leer las notas con más cuidado. Así que ya sabes, lee siempre las notas para que aprendas mejor.

Nueva Nota Do♯ Aguda

Aquí viene lo bueno, ahora vamos a tocar notas altas. Esta nota es *Do♯* alto. Está en el tercer espacio del pentagrama y se toca con las válvulas 1 y 2 apretadas como si tocaras: *La, Mi* y *La* pero más arriba. Recuerda que cuanto más alto se toca en la trompeta, más trabajo cuesta. No te desesperes ni te desanimes y practica mucho.

47 AHORA POR MÍ

Nueva Nota Re Aguda

Esta nota está medio tono más alta que la anterior y se llama: *Re*. Está en la cuarta línea del pentagrama. Así que ¡vas muy bien! Este *Re* se toca con la válvula 1 apretada, como si tocaras el *Si♭*, el *Fa* y el *Si♭*. *Tu dulce amor* es una melodía sencilla, pero ten cuidado cuando toques el *Re* agudo. Cuida tu afinación y la embocadura.

48 TU DULCE AMOR

UN POCO DE ARMONÍA

Para que entiendas un poco más de la música te voy a dar una breve explicación de *armonía*. Ya sabes tocar muchas notas, pero en realidad sabes tocar más de las que piensas. Para que entiendas lo que quiero decir, te explico un poco.

El tono de *Do mayor* no usa ni un sostenido ni un bemol, o sea, todas las notas son naturales. Imagínate que estás tocando puras notas blancas en el piano.

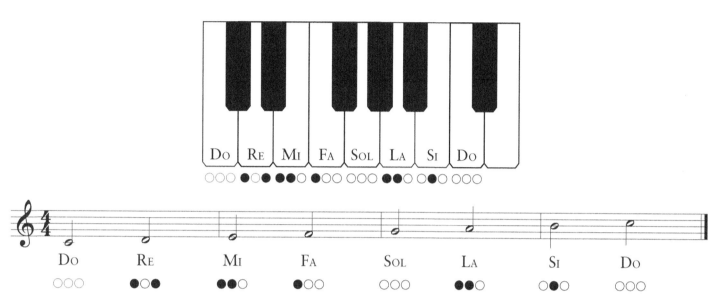

Fíjate como en esta escala tocas puras notas blancas del piano.

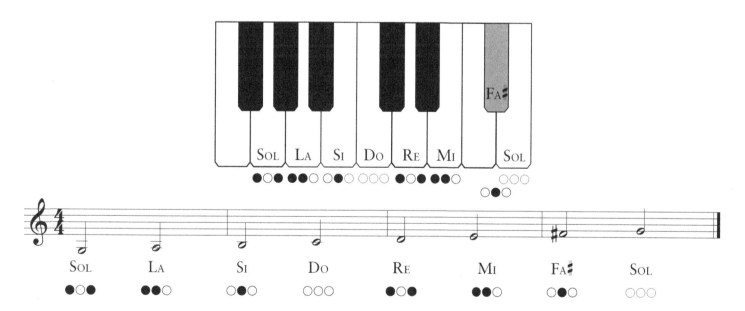

Sin enbargo en esta escala de SOL ya ocupas un sostenido (notas negras en el piano).

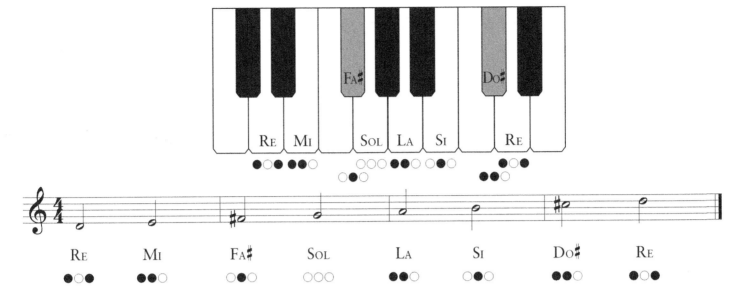

Pero en esta escala de RE ya ocupamos 2 sostenidos (FA♯ y DO♯) o sea dos notas negras en el piano. Y asi cada escala ocupa diferentes notas.

La escala de *FA mayor* por ejemplo, usa una sola alteración: el *SI* bemol (*SI♭*), o sea una nota negra del piano.

La escala de *SI* bemol mayor usa 2 bemoles (*SI♭* y *MI♭*), la escala de *LA* usa 3 sostenidos (*FA♯*, *DO♯* y *SOL♯*)

Hay muchas escalas y con el tiempo cuando estudies más, las vas a conocer todas. La razón de decirte esto, es para que te des cuenta que tú ya sabes tocar más notas, por ejemplo:

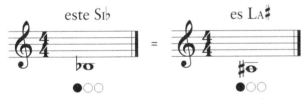

Es la misma cosa y se toca igual y se oye igual, pero se usa en escalas diferentes, y por supuesto en tonos diferentes.

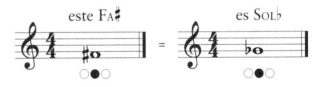

También esta nota, fijate que se toca con la misma posición de las valvulas y la misma embocadura se debe escuchar igualita.

Como estas dos notas, hay muchas más. El *DO♯* es igual que el *RE♭*, a estas notas se les llama enarmónicas; se escriben diferente pero se escuchan igual. Así que tú ya sabes muchas más notas de las que pensabas.

49 BACH NORTEÑO

Esta canción es una melodía muy antigua de Bach. La llamé *Bach norteño* porque
es la misma melodía que uso en los demás libros de esta serie, como en el de piano
y guitarra, entre otros. Un dato curioso: aun cuando la melodía está en el mismo
tono y tiene las mismas notas que en el libro de piano, no se van a escuchar iguales
si las tocas juntas (trompeta y piano), recuerda que la trompeta toca en otro tono.
Si quisieras tocar los dos igual has de hacer lo siguiente: o bajas un tono el piano o
subes un tono la trompeta.

NUEVA NOTA MI♭ O RE♯

Esta nota es *Mi♭*. Es la primera nota que vas a tocar con las válvulas 2 y 3, al
mismo tiempo es lo mismo que *Re♯*.

50 MELODÍA CHACHALACA

cuida estas notas

🎵51 DUETO EN DOS

Vamos a tocar este dueto. Primero escuchas la canción completa en el audio, o sea todo el tema musical 51. Luego practicas una por una las melodías. El pentagrama de arriba es la primera voz (o primera cuerda, como le llaman algunos), el pentagrama de abajo es la segunda voz. Cuando escuches la primera en el audio, entonces tú tocas la segunda en la trompeta. Si el audio toca la segunda, entonces tú lo acompañas haciendo la primera. Cuando escuches la canción completa, puedes hacer la que quieras o inclusive para practicar y jugar puedes tocar algunos compases en primera y otros en segunda. Va a ser divertido. Recuerda que ¡la música es divertida!

Cada vez que vayas tocando una canción diferente, no la veas como "¡uy que aburrido!" o "esta canción ni la conozco" trata de verlo como un ejercicio para aprender a tocar el instrumento y leer música. Cuando ya sepas estas dos cosas, vas a poder tocar cualquier canción que te guste y cualquier canción que escuches en el radio. Así que ya sabes: ¡toca siempre con muchas ganas!

COMPÁS DE ¾

En un compás de ¾ debe haber 3 tiempos, o sea 3 negras por compás. Las notas negras duran un tiempo cada una, por eso hay 3 negras en el compás. Se puede utilizar también cualquier combinación de notas y silencios para hacer los 3 tiempos. Cuando digo cualquier combinación, quiero decir que no hay límite como en el compás anterior de ⅞. Usa tu imaginación y lee mucha música y te vas a dar cuenta de todas las posibilidades que hay para llenar este compás. Aquí te pongo sólo algunas con diferentes notas, para que veas como se ven. Si puedes, trata de tocar esto ejemplos.

Estos son sólo algunos ejemplos de cómo puedes llenar los compases de ⅞. Si tuviéramos más espacio y tiempo para este libro. Te podría poner miles de ejemplos diferentes, y no estoy exagerando cuando digo miles, por eso la música es tan bonita. Aunque puede haber miles de formas, entiende tan sólo cómo se hace y tu solito los podrás hacer, leer y tocar fácilmente.

52 ALLÁ POR EL RANCHO

En esta canción vas a poder practicar el compás de ⅞. El tiempo de la canción va un poco rápido, así que ten cuidado que se oigan todas las notas bien. Fíjate en la armadura que tiene un bemol, así que estamos en el tono de *FA mayor*. Recuerda de lo que hablamos sobre las ligaduras y tócalas como se explicó. Otra cosa para tener en cuenta son los signos de repetición al final de la canción. Fíjate bien en todos estos detalles y escucha el audio. Estoy seguro que con todo esto vas a tocar bien bonito esta canción.

53 VALS ROMÁNTICO

Este es un vals lento, así que al tocarlo debes de seguir la entonación romántica. No es lo mismo tocar una nota en una canción lenta que la misma nota en una canción rápida. La forma de entonar la trompeta funciona como la voz humana; depende del estilo de canción así será la forma de interpretar la melodía en el instrumento.

54 COMO YO TE SIENTO

Ésta es una pequeña melodía que compuse en 1986 cuando estaba estudiando en el Conservatorio Nacional de Música de la Ciudad de México. Durante aquellos años escribí en un libro que alguna de mis melodías la escucharían miles de personas en el mundo. Después de un tiempo, con estudio, práctica y mucho trabajo, ese sueño se hizo realidad. Ahora eres tú una de esas miles de personas que está escuchando esta melodía. Si yo logré hacer algo dentro del mundo de la música, estoy seguro que si tú te lo propones, estudias mucho, tienes paciencia y trabajas duro, también lograrás tu sueño dentro de este maravilloso mundo de la música.

55 DUETO EN TRES

Una cosa importante en esta canción es la *armadura*. Fíjate que al principio de la música hay un sostenido (♯) puesto en la 5ª línea. Eso significa que está en la nota de *FA*, entonces todas las notas que sean *FA* son sostenidos. En lugar de ponerle el sostenido a cada una de las notas, ¡se le pone al principio de la canción y listo! Entonces sabemos que todos los *FA* son sostenidos.

Esta canción va un poco rapidita para que dé el sonido de la melodía. Si te cuesta trabajo tocarla así de rapidito, primero tócala lentamente, poco a poco y *nota por nota*. Cuando ya la puedas tocar lentamente, trata de tocarla rapidito. De nuevo toca la primera voz y después la segunda.

56 DUETO EN CUATRO

Esta canción está en el tono de *Fa mayor*. Fíjate que al principio tiene un bemol (♭),
que está sobre la tercera línea, o sea en la nota de *Si♭*. Esto significa que todos los *Si*
son bemoles. Al igual que la canción anterior, a esto se le llama armadura. La
armadura de esta canción (o de este tono) es la armadura de *Fa mayor*.

armadura de Fa, lleva un bemol,
que es: Si♭. (todos los Si son bemoles)

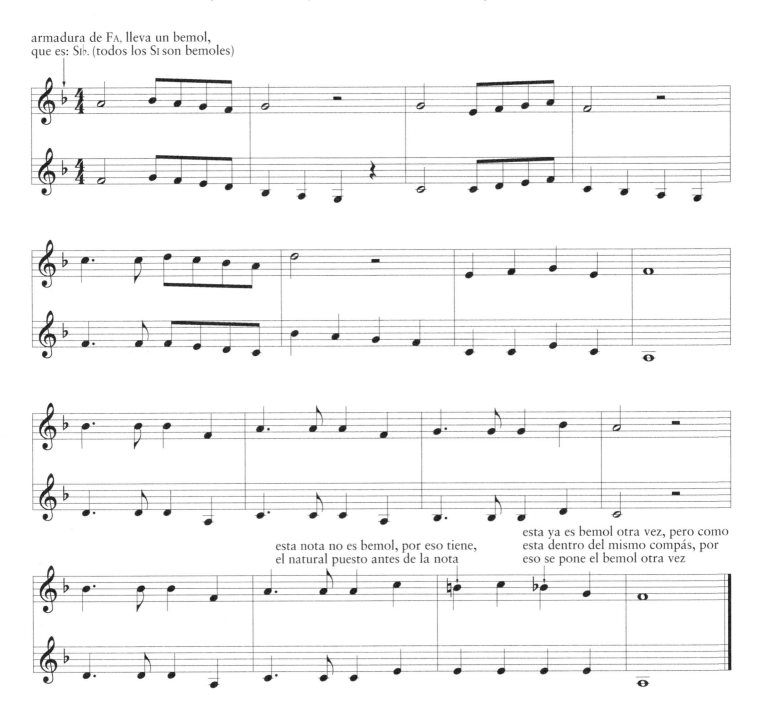

esta nota no es bemol, por eso tiene,
el natural puesto antes de la nota

esta ya es bemol otra vez, pero como
esta dentro del mismo compás, por
eso se pone el bemol otra vez

NUEVA NOTA SOL#

Esta nota es *SOL#*. Se toca también con los dedos 2 y 3. Y recuerda que el *SOL#* se oye igual que *LAb*.

57 MELODÍA SOSTENIDA

NUEVA NOTA SOL# BAJO

Aquí esta la otra nota de *SOL#* y *LAb* esta nota es muy baja. Para estas alturas estoy seguro de que sabes tocar la trompeta bien bonito, ¿verdad que sí?

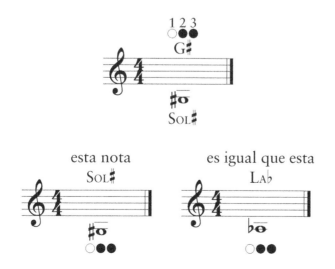

58 MELODÍA BAJA

NUEVA NOTA RE♯ ALTO

Esta nota es *Re♯*. Se toca con el dedo 2 y es la misma nota que *Mi♭*. Ya con estas notas vas a poder tocar más canciones. No se te olvide tocar notas largas a diario.

59 MELODÍA DE REPASO

REPASO DE NOTAS

Te muestro aquí todas las notas que ya debes de saber desde el principio del libro hasta esta página. Si alguna no la puedes tocar o se te hace difícil, entonces esa nota es la que tienes que practicar mucho más. Estas son todas las notas que deberías saber. Las notas que tienen un círculo es porque ya debes de saber cómo tocarlas.

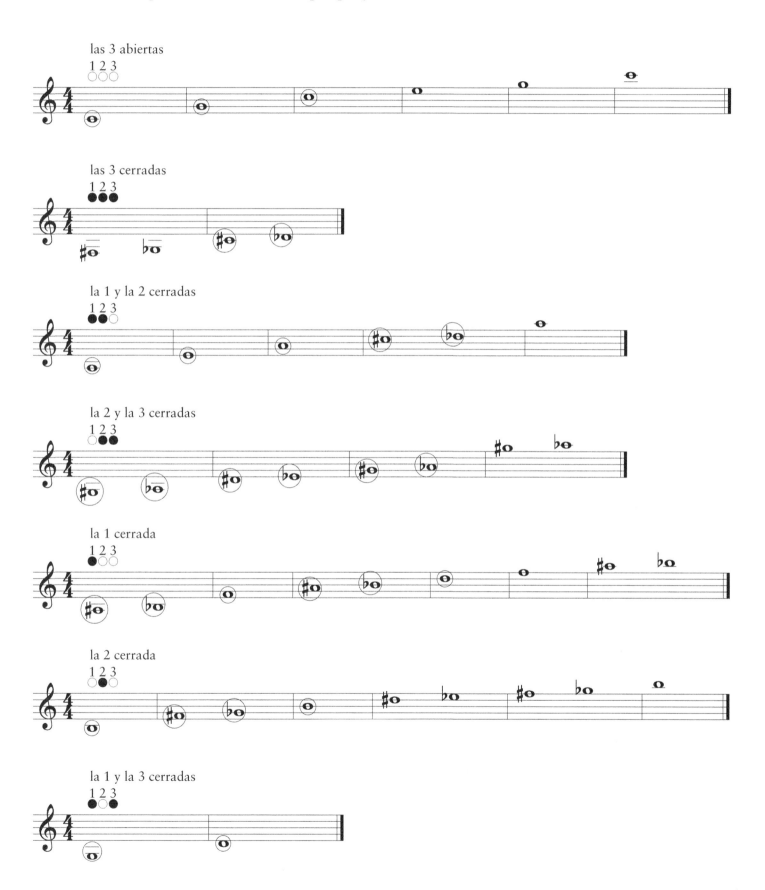

RITMO NUEVO DE TRESILLOS

Los tresillos son tres notas tocadas en un solo tiempo y cada una de las notas vale lo mismo. A este tiempo se le llama tiempo *ternario*. Imagínate que un dólar lo divides en tres partes iguales, cada moneda valdría 0,33 centavos y un poquito más. Las corcheas que has hecho valdrían 0,25 centavos y las notas de blancas valdrían 0,50 centavos.

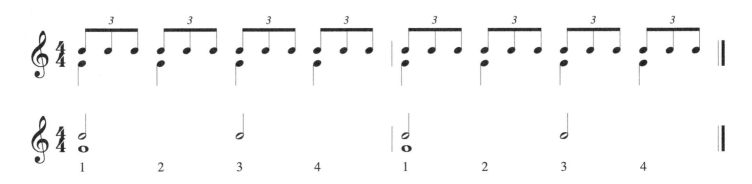

TRESILLOS Y MÁS TRESILLOS

Aquí tienes una canción sencilla en donde puedes practicar como se oye el ritmo de tresillos. No es difícil tocarlos, sólo se requiere un poco de práctica y vas a ver que es igual de fácil que tocar los corcheas. En esta misma canción está el ritmo con corcheas, así que ten cuidado de hacer el ritmo lo más exacto posible. Escucha antes el audio para que sepas como va. Otra cosa en la que te debes fijar, es en los sostenidos. Fíjate cómo hay varias notas que tienen sostenidos enfrente de la nota mientras que en algunos compases hay una sola nota con sostenido. El sostenido abarca todas las notas que sean iguales dentro de ese mismo compás; es decir esas notas también son sostenidas. Hay una forma más fácil de escribir tantos sostenidos. Después de esta canción te la digo.

61 TRESILLOS Y MÁS TRESILLOS CON ARMADURA

Aquí tienes la misma canción que la anterior, pero con armadura al principio.
Como la canción tiene armadura, entonces no hace falta escribir los sostenidos en
cada una de las notas. De aquí en adelante ya vamos a escribir con armadura
siempre, como debe de ser. Y para que te sirva de repaso, vuelve a tocar la misma
canción.

62 ESCALA DE RE MAYOR

Recuerda que las escalas son muy importante en la música y sobre todo al estudiar
un instrumento. Ya debes de conocer perfectamente la escala de DO y la escala de
SOL. Ahora vamos a estudiar la escala de RE mayor. Tiene dos notas que son
sostenidas el DO♯ y el FA♯. La canción que acabas de tocar está en el tono de RE
mayor, por eso en la armadura había 2 sostenidos: FA♯ y DO♯. Practica esta escala
muchas veces, como mínimo 10 veces seguidas sin equivocarte, para arriba y para
abajo. Tócala también con cada una de sus notas utilizando el sistema de notas
largas, y después la puedes tocar con las notas salteadas. El chiste es que te sepas la
escala de pies a cabeza, sin ninguna duda.

En el libro *Armonía* están todas las escalas mayores y menores si las quieres saber
todas. Aquí sólo te pongo algunas. Espero que sigas estudiando y te las aprendas
todas, para que puedas tocar en cualquier tono.

NUEVA NOTA FA♯ GRAVE

Ya casi estamos al final de todas las notas que debes de saber. Esta nota es *FA♯* o
SOL♭, es la nota más baja que vas a aprender hasta ahora.

63 ASÍ NO MÁS

NUEVA NOTA MI AGUDO

Ahora sí, esta nota *MI* es la última que vamos a ver en este libro.

Fíjate que este *MI* se toca con todas las válvulas abiertas igual que el *DO* central, el
SOL de la segunda línea y el *DO* agudo. Lo que cambia es la embocadura.

64 LA NOTA FINAL

En esta canción vas a combinar los tresillos con las corcheas.Cuida mucho ese tipo
de ritmos y escucha el audio.

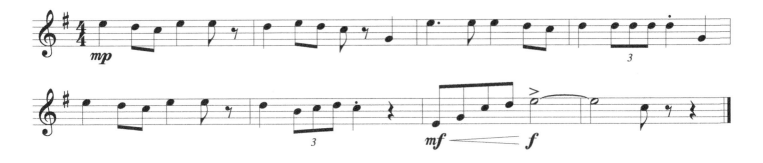

CONSEJOS SOBRE NOTAS ALTAS

Los instrumentos de viento, como la trompeta, el trombón y la tuba, utilizan aire para poder producir el sonido. En la trompeta las notas agudas cuestan un poco más de trabajo tocarlas. Tienes que tocar con mayor fuerza y apretar más los labios para producir el sonido. Además debes desarrollar más el oído musical para poder distinguir si la afinación es la correcta. Estos son algunos consejos que te ayudarán lograr tocar notas altas en la trompeta.

1. Practica a diario notas largas haciendo que el sonido dure igual, sin temblar, o sea sin variar el sonido. Comienza con notas bajas y poco a poco vas tocando las notas altas.

2. Practica las escalas todos los días, por ejemplo si tocas la escala de *Do mayor*, empieza en *Do* bajo y termina en *Do* agudo. El *Do* de arriba hazlo lo más largo que puedas, usando la mayor cantidad de aire posible.

3. Practica por 5 minutos puras notas altas: *Mi, Re, Do, Re, Mi, Mi, Re*, etc. y descansa por otros 5 minutos. Repite este tipo de ejercicios durante media hora dos veces a la semana.

4. Si practicas a diario durante unos 6 meses, vas a poder lograr una embocadura muy buena. Escucha también mucha música de todo tipo para que desarrolles el oído musical lo mejor posible.

Estos son algunos consejos muy buenos, pero el mejor de todos es: *¡practicar, practicar, practicar!*

REPASO DE RITMOS

Trata de leer cada uno de estos ritmos. Esta música no está en el audio para que tú trates de leerla por tu cuenta. Si no la puedes leer o no la entiendes bien, te recomiendo repasar el libro otra vez o estudiar el libro *Solfeo* de esta serie. No toques todo al mismo tiempo, cada pentagrama es un ejercicio completo. Hay 6 ejemplos.

🄬 CANTARÉ

Esta es una canción que esta en el libro de *Canto* de esta misma serie. Como no tiene nombre, pues le inventamos uno, ¿no crees? Lo importante no es el nombre sino como la toques. Espero que toques esta canción bien bonito. Si llegas a oír la canción en el libro de canto, te darás cuenta que está en otro tono. Así que practícala bien y tócala bonito.

Transposición: Esto es una parte muy importante que hay que saber cuando se toca la trompeta. En la canción de arriba estamos en el tono de *LA mayor*. Y la tocas y se escucha igual que el audio, pero toda la música se toca en realidad en el tono de *SOL mayor*, o sea una segunda mayor abajo. Fíjate que la primera nota de la canción de arriba es *MI* y la primera nota de la canción de abajo es *RE*. Y así cambian todas las notas porque la trompeta se escribe en un tono, pero se escucha en otro comparado con el sonido del piano. De cualquier manera toca las dos canciones en diferentes tonos, aunque sólo la de arriba la puedas tocar junto con el audio.

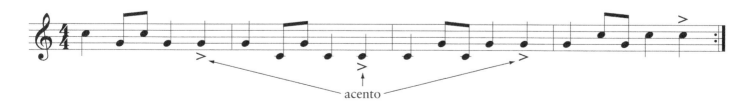 EL CHA CHÁ

En esta canción vas a practicar la *armadura* de *Re mayor*, ya habías tocado canciones antes en este tono, sólo te recuerdo que todas las notas están sostenidas en la armadura; deben de estar sostenidas en toda la canción. En este caso las notas que se alteran son el *Fa♯* y el *Do♯*. Esta canción va rapidita. Si puedes aprenderte de memoria las canciones, mejor, eso significa que ya te las sabes muy bien.

67 UNO AL DÍA N° 11

Continuamos con los ejercicios de *Uno al día*. Espero que hayas estado haciendo los anteriores como te había dicho. En este vas a darle un pequeño acento en la nota del 4° tiempo. La rayita como una "v" horizontal significa que vas a soplar con mayor fuerza a esa nota. Repite cada uno de estos ejercicios como debe de ser; *uno al día*.

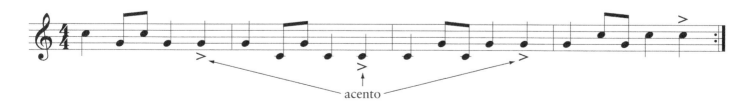

68 UNO AL DÍA N° 12

Aquí vas a practicar los tresillos. Recuerda , contar "un, dos, tres" en cada tiempo. Por supuesto escucha el audio para que tengas una mejor idea de cómo va el ritmo. A estas alturas del libro ya deberías saber leer estas notas. Recuerda que todos estos ejercicios van con una sola posición pero cambia la embocadura. El volumen se mantiene constante. Trata de hacer estos ejercicios lenta y rápidamente, pero siempre cuida los tresillos.

69 UNO AL DÍA N° 13

Aquí tienes un ritmo de negra con puntillo. Fíjate que debes tener mucho cuidado al final de la canción con los corcheas y luego el tresillo, ya que tiene un ritmo muy peculiar. Aquí ya no hay mucho que decir, lo único es recordarte que los hagas diariamente y varia entre ellos, a veces uno, a veces otro. Espero que te ayuden bastante el hacer este tipo de ejercicios. Lo que sí te recomiendo es que hagas siempre un sonido bien claro, o sea, que la nota se oiga como debe de ser, bien afinada y con el tiempo preciso. Fíjate en el signo de repetición, significa que lo vas a repetir una vez cuando menos, pero si lo puedes repetir muchas veces, mejor. Al principio del compás hay un *Si♭* y todos las notas *Si*, son *Si♭* (*Si* bemol) porque están dentro del mismo compás aunque sólo se escribe para la primera nota.

70 UNO AL DÍA N° 14

Las primeras cuatro notas de este ejercicio van ligadas, o sea que en una sola respiración tocas las cuatro notas. Por esa tiene una rayita curva arriba de las cuatro notas. Lo mismo ocurre en el segundo compás. En los últimos dos compases hay sólo corcheas con acento, o sea un puntito arriba de cada nota. Eso significa que vas a tocar cada nota bien cortita, o sea, que son más cortitas de lo que normalmente duran. Escucha el audio para que sepas como se oye. Como la trompeta es un instrumento muy versátil y puede hacer mucha variedad de música, se usan muchas formas diferentes de escribir los acentos y las marcas (*marks* en inglés), que se requieren para poder indicar cómo se toca el instrumento. Hay muchas marcas que se utilizan al escribir música. En este libro hay sólo algunas. Cuando estudias teoría de la música, se estudian y aprenden todas las marcas que hay. Así que toca bien bonito este ejercicio y repítelo varias veces, siempre parejito y a diferentes velocidades.

71 VOLVERÉ CON LA BANDA (TROMPETA 1)

Vamos a tocar esta canción siguiendo la tradición y el estilo de música de *Música fácil*. En esta página está la música con la trompeta número 1, o sea la "primera cuerda". Enseguida está la "segunda cuerda", o sea, la trompeta número 2. Este arreglo está tocado con dos trompetas, y tú vas a tocar primero una y luego la otra. Al final vas a ver la música escrita con todos los instrumentos, o sea el arreglo completo: 1 saxofón, 2 trompetas, 2 charchetas, 2 trombones y 1 tuba.

Otro dato importante es que el arreglo completo, está escrito en tono de concierto, o sea incluso las trompetas y el saxofón están escritos en tono de concierto, es decir, en el mismo tono de la música en general. La canción está en el tono de *Re mayor* y las trompetas está también en el tono de *Re* en el arreglo general. Pero en la *paritura* o sea en la música que esta escrita la trompeta sola, el tono de la trompeta tiene que ser un tono más arriba o sea en *Mi* para que así se oiga todo en el mismo tono.

Tócala en este tono de *Mi* y se va a oír en el mismo tono que la tuba y los trombones que están tocando en *Re*. Esta música es para la trompeta número 1, o sea, la que toca las notas más agudas. En la página que sigue está la Trompeta número 2.

72 VOLVERÉ CON LA BANDA (TROMPETA 2)

Aquí tienes la Trompeta número 2. Fíjate en varias cosas: primero está en el tono de *Mi mayor*, igual que la trompeta número 1

Observa que las notas están más abajo. Fíjate que la primera nota en la Trompeta 1 es *Si* y en la Trompeta 2 es *Sol*. Ésta es la forma en la que se forman las "cuerdas" o los intervalos, porque como ya te lo he dicho, una trompeta no puede tocar dos notas al mismo tiempo, por eso se usan dos trompetas al mismo tiempo: una toca la nota más alta y la otra toca la nota más baja; así de fácil es.

Otra cosa importante es que cuando tocan varios instrumentos juntos, arriba de los compases en cierto lugar se le pone el número de compás. Estos son los números 1, 5, 9, etc., que ves arriba de los compases. Esto se hace para que cuando se ensaya todos toquen en el mismo compás, por eso tiene el número de compases escrito. Y te recuerdo que en la partitura general, las notas de la trompeta están escritas en otro tono, por eso son otras notas. La partitura general esta en el tono de *Re mayor*.

¡Muchas felicidades ! Y ahora échale un vistazo al arreglo completo y estúdialo un poquito. Si tienes dudas recuerda que el estudio es la base de todo, repasa un poco todo el libro y vas a ver que le vas a entender mejor.

73 VOLVERÉ CON LA BANDA (ARREGLO COMPLETO)

Éste es el arreglo completo que esta en el tono de RE mayor. Fíjate que la trompeta está en RE mayor también. Cuando la tocas sola tiene que transponerse para que se escuche en el tono de concierto. Repasa esta partitura general y lo vas a entender. Escucha bien este tema y trata de reconocer por oído todo lo que hace cada uno de los instrumentos. ¡Enhorabuena por llegar a este nivel! ¡Vas muy bien!

Un dato curioso es que la música que tocan las charchetas también la puedes tocar con la trompeta, sólo que la tienes que transportarla. Espero que para estas alturas ya le hayas entendido como transportar. Así que si quieres practicar más, te recomiendo que toques también la música que está escrita para las charchetas*.

* La charcheta es un instrumento típico de las bandas regionales mexicanas, es una tuba chiquita, parecido al *Flugerhorn* americano, lo usan para hacer el ritmo en las bandas.

74 ESCALA DE *MI MAYOR*

Esta es la escala de *Mi mayor*. Recuerda cómo debes estudiar cada una de las escalas.

75 ESCALA DE *FA MAYOR*

Y ésta es la escala de *Fa mayor*. Hay una nota más alta que el *Mi* agudo, es la nota de *Fa*. Si la puedes tocar qué bueno, y si no, no te preocupes tanto, con el tiempo y la práctica, segurito que la vas a poder tocar.

76 UN BOLERITO PARA TI (TROMPETA I)

Ya estamos por terminar el libro y te das cuenta que tocas bien bonito ¿verdad?. Ésta es la ultima canción de este libro. Es una canción al estilo mariachi, que se toca con violines, trompetas, guitarra, vihuela y guitarrón. Normalmente el mariachi usa 2 trompetas, primera y segunda. Recuerda que la trompeta está escrita en otro tono para que se escuche en el tono de concierto. Cuida bien la embocadura y que las notas salgan claritas.

Al estudiar un instrumento, es importante el estudio de la música en general, el solfeo, la armonía y la teoría son cosas básicas para aprender música y poder tocar mejor el instrumento. Es importante también la técnica del instrumento, que son ejercicios diarios, como los que hiciste de *Uno al día* y las escalas, todo esto te ayuda a tocar mejor. Pero lo más importante es la actitud que tengas. Si te propones ser buen músico, lo vas a lograr. Ojalá que este libro te haya motivado para seguir estudiando, porque aún hay mas que aprender. Este libro sólo es el comienzo. Así que basta de plática y manos a la obra: ¡toca esta canción como todo un buen músico!

77 UN BOLERITO PARA TI (TROMPETA 2)

Esta es la segunda voz de la trompeta. Con esto te das una idea de cómo se toca la música de mariachi. Ahora sí, sin tanta plática vamos a tocar la segunda voz de esta canción.

78 UN BOLERITO PARA TI (ARREGLO COMPLETO)

Este es el arreglo completo de mariachi, o como se dice en inglés *full score*, o sea todos los instrumentos al mismo tiempo. Escucha el audio y vas a darte cuenta cómo suena la música de mariachi. Esto es solo un tipo de música, mientras más aprendas mas variedad y estilos de música vas a poder tocar. Sigue estudiando y ¡nos vemos en el próximo libro!

Fíjate que en el pentagrama de la guitarra hay varias notas. Como están escritas cómo se toca el acorde, puedes leerlas así o simplemente tocar el acorde de arriba. Aunque tú toques trompeta, es bueno que aprendas a leer música en general y que entiendas cómo se escribe la música para otros instrumentos, eso es ser buen músico. Por esa razón, me gusta poner la partitura completa. Así fue como yo aprendí, escuchando y leyendo música al mismo tiempo, eso es lo mejor, porque usas la mente, la vista y el oído al mismo tiempo.

La música se lee de izquierda a derecha y normalmente se pone los sonidos graves, abajo y los sonidos agudos arriba. Por eso el guitarrón se escribe abajo y el violín se pone arriba. Fíjate en los acordes de arriba que son para guitarra que están en inglés porque es muy común ver los acordes así. Te los escribo para que los conozcas. En inglés se se usan letras en lugar de nombre de notas de la siguiente manera:

|| Do = C || Re = D || Mi = E || Fa = F || Sol = G || La = A || Si = B ||

79 UNO AL DÍA N°15

En este ejercicio vas a practicar las corcheas y los tresillos. La combinación de este ritmo produce un sonido muy característico en la trompeta, y como sólo estas tocando notas de una misma posición, se escucha así como música militar. Más adelante vas a hacer ejercicios de *Uno al día* pero con diferentes posiciones en las válvulas. Por lo pronto practica éste que te va a servir bastante. No se te olvide hacerlo a diferentes velocidades y también hazlo a diferente volumen, unas veces bajito y otras veces muy fuerte, para que aprendas todo lo que puedes hacer con la trompeta.

80 UNO AL DÍA N° 16

Aquí no hay mucho que decir. Te lo dejo para que con sólo oír el audio ya lo puedas tocar bien.

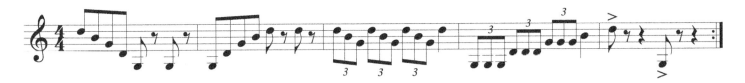

81 UNO AL DÍA N°17

Aunque lo veas un poquito raro, es lo mismo que los demás, lo que pasa es que este ejercicio tiene muchos sostenidos (♯). Otra cosa que hay que notar es la anotación de *sforzando* que viene de la palabra italiana *esforzando*, que significa que en esa nota vas a hacer un esfuerzo por tocarla más fuerte de lo normal, o sea, es un acento más fuerte y luego bajas el volumen poco a poco. Esta anotación está al final de este ejercicio. Fíjate en el calderón que se utiliza para suspender el tiempo del compás mientras tú lo alargas el tiempo que creas necesario.

82 UNO AL DÍA N° 18

Aquí hay que fijarse en el cambio de volumen. Empieza bajito de volumen y le vas subiendo poco a poco y tocas fuerte en el *sfz*. Escucha el audio.

83 UNO AL DÍA N° 19

Este ejercicio está fácil. Mira las notas y verás que todas son negras, excepto en el último compás, que dura 3 tiempos. El compás es de ¾ y estamos en el tono de *Do mayor* ¿facilito verdad? Lo importante de este ejercicio es hacerlo parejito y limpiecito, o sea que se oiga bien a tiempo sin adelantar ni atrasar una nota. El sonido de la trompeta debe de ser limpio y claro. Al hacerlo así, vas a notar como si fuera una melodía, que de hecho cualquier combinación de notas de una en una forma una melodía. Hay algunas melodías que te van a gustar más que otras, pero toda la música tiene su chiste. Toca esta varias veces.

84 UNO AL DÍA N° 20

Escucha el audio, para que oigas el jaloncito de las dos notas que tienen la ligadura. El ejercicio tiene un fraseo particular, trata de hacerlo lo más parecido posible.

85 UNO AL DÍA N° 21

Aquí combinas las notas con puntillo. La negra con puntillo vale 1 tiempo y medio, y la corchea con puntillo vale 3 semicorcheas. Escucha el audio y vas a notar cómo se oye este ritmo. Otra cosa importante son los cambios de volumen. Respeta los signos, de *p* volumen bajito, de *mf* más o menos fuerte pero no tanto, de *f*, volumen fuerte, de *ff* muy fuerte y de *mp* volumen no tan bajito. Usa la trompeta lo mejor que puedas, ¡estoy seguro que ya puedes!

76

86 UNO AL DÍA N° 22

Respeta los cambios de volumen, el tiempo, y los tresillos. Al final sube el volumen poco a poco, y escucha el audio, no se te olvide.

87 UNO AL DÍA N° 23

Este ejercicio es de *cromatismo*, o sea, sostenidos (♯) y bemoles (♭) juntos. Aquí vamos a saber si de verdad ya sabes tocar trompeta bien. Te das cuenta como sí aprendiste con este libro, ¿verdad que sí? Esa es la razón por la que se llama *Musica fácil*. Te recomiendo examinar los demás libros de esta misma serie. Todos son muy fáciles y muy buenos para aprender música. En especial te recomiendo los libros de solfeo y de armonía.

88 UNO AL DÍA N° 24

El ultimo de los ejercicios de *Uno al día* de este libro. Tócalo con mucho cariño y muy bien tocado. Como último consejo te diré que cuando tocas un instrumento, no pienses en hacer las notas y ya, piensa en *interpretar* una melodía, en recrear la melodía que el compositor hizo y dale el sentimiento que la melodía merece. Siempre que toques la trompeta, hazlo con mucho sentimiento y con muchas ganas, nunca toques solo por tocar. Recuerda que al tocar la trompeta estás creando música y la música es una arte.

POR ÚLTIMO

La trompeta tiene 7 posiciones y con ellas puedes tocar todas las notas posibles en el instrumento. Hay notas más altas que no estudiamos en este libro, pero pongo las 7 posiciones para que las conozcas de forma profesional, porque tarde o temprano las vas a necesitar. Recuerda que cuanto más alta esté la nota, más trabajo cuesta tocarla.

PRIMERA POSICIÓN DO MAYOR

Todas las válvulas abiertas

Aquí puedes tocar en el tono de DO, o sea DO, SOL, DO, MI, SOL, DO. Las notas que están entre paréntesis (RE y MI) sólo algunos buenos músicos las pueden tocar. Si llegas a tocar bien esas notas, es que eres un trompetista muy bueno.

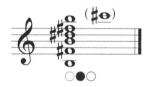

SEGUNDA POSICIÓN SI MAYOR

Segunda válvula apretada

Aquí puedes tocar en el tono de SI, o sea SI, FA♯, SI, RE♯, FA♯, SI. La nota que está entre paréntesis (DO♯) sólo algunos buenos músicos las pueden tocar. Si la llegas a tocar bien es que eres un trompetista muy bueno.

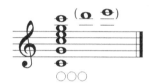

TERCERA POSICIÓN SI♭ MAYOR

Primera válvula apreteda

Aquí puedes tocar en el tono de SI♭ o sea SI♭, FA, SI♭, RE, FA, SI♭. Aquí ya no hay notas entre paréntesis. Fíjate además cómo va bajando de tono. Primero fue en DO, luego en SI, y luego en SI♭ el que sigue es en LA, y luego LA♭ y así sigue, ¿entiendes la lógica? ¿Qué te parece? Qué fácil es la música ¿verdad? Opina.

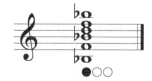

CUARTA POSICIÓN *LA* MAYOR

Primera y segunda válvulas apretadas

Aquí puedes tocar en el tono de *LA*, o sea *LA*, *MI*, *LA*, *DO*♯, *MI*, *LA*. Estas notas también se pueden tocar con la tercera válvula apretada, aunque casi no se usa esta posición. La mayoría de los músicos usan las 2 primeras válvulas, pero hay ocasiones en que puede ser más fácil tocar la tercera válvula, así que practica las dos.

QUINTA POSICIÓN *LA♭* MAYOR

Segunda y tercera válvulas apretadas

Aquí puedes tocar en el tono de *LA♭* o sea *LA♭*, *MI♭*, *LA♭*, *DO*, *MI♭*, *LA♭*. ¿Ves cómo la música es muy lógica y tiene sentido? Cuanto más sepas de música, más fácil se te va a hacer todo.

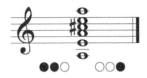

SEXTA POSICIÓN *SOL* MAYOR

Primera y tercera válvulas apretadas

Aquí puedes tocar en el tono de *SOL*, o sea *SOL*, *RE*, *SOL*, *SI*, *RE*, *SOL*. Ya no hay mucho que decir. Sólo recordarte que toques todas las notas una por una para que las hagas bien y te las sepas de memoria.

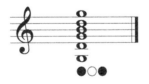

SÉPTIMA POSICIÓN *FA*♯ MAYOR

Todas las válvulas apretadas

Aquí puedes tocar en el tono de *FA*♯ o sea *FA*♯, *DO*♯, *FA*♯, *LA*♯, *DO*♯, *FA*♯. Cuando digo *FA*♯ o *SI*, etc., recuerda que también puedes usar los enarmónicos, o sea *FA*♯ = *SOL♭* o *LA♭* = *SOL*♯, etc. de esa manera puedes tocar todas las canciones del mundo.

LISTA INDIVIDUAL DE TEMAS MUSICALES

1. Tono de afinación
2. 4 tiempos, 2 tiempos y 1 tiempo
3. Un *SOL*-dado *FA*-moso
4. Un poco más
5. *MI* gusto es tocar bien
6. Bajadita y subidita
7. Qué *RE*-bonito estoy tocando
8. *MI SOL* está *RE-fá*-cil
9. *DO*-minando la trompeta
10. Las 5 notas principales
11. Transposición musical
12. Ahora en otro tono
13. Tonadita infantil
14. Mis primeros pininos y rancherita
15. *SOL*-da-*DO*, embocadura de *SOL* y *DO*
16. Una nota más
17. Hace muchos años
18. Ranchera
19. A-*sí* me gusta tocar
20. De todo un poco
21. Tonadita triste
22. Estoy triste sin ti
23. Subiendo y bajando de volumen
24. Uno al día Nº 1
25. Uno al día Nº 2
26. Uno al día Nº 3
27. Uno al día Nº 4
28. De *DO* a *DO*
29. Escala de *DO*
30. Movidita
31. Todo por ti
32. Escala de *SOL*
33. Canción en *FA*
34. Marcha nocturna
35. Ligadura de fraseo
36. Terceras con amor
37. Sextas con amor
38. Acentos y más acentos
39. Uno al día Nº 5
40. Uno al día Nº 6
41. Uno al día Nº 7
42. Uno al día Nº 8
43. Uno al día Nº 9
44. Uno al día Nº 10
45. Y punto
46. Melodía rara de repaso
47. Ahora por mí
48. Tu dulce amor
49. Bach norteño
50. Melodía chachalaca
51. Dueto en dos
52. Allá por el rancho
53. Vals romántico
54. Como yo te siento
55. Dueto en tres
56. Dueto en cuatro
57. Melodía sostenida
58. Melodía baja
59. Melodía de repaso
60. Tresillos y más tresillos
61. Tresillos y más tresillos con armadura
62. Escala de *RE*
63. Así no más
64. La nota final
65. Cantaré
66. El cha chá
67. Uno al día Nº 11
68. Uno al día Nº 12
69. Uno al día Nº 13
70. Uno al día Nº 14
71. Volveré con la banda (Trompeta 1)
72. Volveré con la banda (Trompeta 2)
73. Volveré con la banda (Arreglo completo)
74. Escala de *MI*
75. Escala de *FA*
76. Un bolerito para ti (Trompeta 1)
77. Un bolerito para ti (Trompeta 2)
78. Un bolerito para ti (Arreglo completo)
79. Uno al dia No. 15
80. Uno al día Nº 16
81. Uno al día Nº 17
82. Uno al día Nº 18
83. Uno al día Nº 19
84. Uno al día Nº 20
85. Uno al día Nº 21
86. Uno al día Nº 22
87. Uno al día Nº 23
88. Uno al día Nº 24

PRIMER NIVEL: APRENDE TROMPETA FÁCILMENTE
por Victor M. Barba

Gracias a mi familia por ayudarme y apoyarme en la realización de este libro. Gracias también a Betty, mi esposa y a mis dos hijos, Carlos y Cindy.

NOTA BIOGRÁFICA DEL AUTOR

Víctor M. Barba estudió música en el Conservatorio Nacional de Música de México D.F. Cuenta en su poder con varios premios entre los que se encuentran dos premios Nacionales de Composición. Es así mismo autor de un concierto para piano y unas variaciones sinfónicas. Su música ha sido interpretada por la Orquesta Sinfónica del Estado de México, bajo la dirección del Maestro Eduardo G. Díazmuñoz. Desde muy joven impartió clases de música en diferentes escuelas y a nivel privado, pero no fue hasta 1996 que fundara la escuela Easy Music School. Su sistema de aprendizaje *Música Fácil* © ha ayudado a miles de personas aprender música de una manera práctica y profesional. Como productor de discos y arreglista trabajó junto a Cornelio Reyna y recientemente compuso la banda sonora de la película *Sueños amargos* protagonizada por Rozenda Bernal y Alejandro Alcondez. Víctor M. Barba se destaca también como autor y ha publicado varios métodos para tocar instrumentos musicales tan variados como: teclado, acordeón, batería, solfeo e incluso canto. En la actualidad se concentra en la escritura de libros para saxofón, violín y armonía y libros infantiles. Es miembro de BMI y sus canciones han sido interpretadas por artistas de renombre internacional.